AI와 메타 인지 학습법

AI문고

인공지능 시대입니다. 기계가 인간의 인지를 대신하고, 사물이 인간을 통하지 않고 다른 사물과 직접 커뮤니케이션합니다. 이에 따른 인간 삶과 문명 변화를 정확히 이해 · 예측 · 대응하는 것은 이 시대 우리 모두의 과제입니다. AI문고는 인공지능 기술과 환경의 여러 주제를 10가지 키워드로 정리합니다. 관련 개념과 이론, 학계와 산업계의 쟁점, 우리 일상의 변화를 다룹니다. 인간과 기술의 현재, 미래를 세심히 분석합니다.

일러두기

- 인명, 작품명, 저서명, 개념어 등은 한글과 함께 괄호 안에 해당 국가의 원어를 병기했습니다.
- 외래어 표기는 현행 어문규정의 외래어표기법을 따랐습니다.

처음이세요?

전문가세요?

AI와 메타 인지 학습법

황충연

대한민국, 서울, 커뮤니케이션북스, 2025

AI와 메타 인지 학습법

지은이 황충연
펴낸이 박영률

초판 1쇄 펴낸날 2025년 10월 15일

커뮤니케이션북스(주)
출판 등록 2007년 8월 17일 제313-2007-000166호
02880 서울시 성북구 성북로 5-11
전화(02) 7474 001, 팩스(02) 736 5047
commbooks@commbooks.com
www.commbooks.com

ISBN 979-11-430-0798-8 03500

책값은 뒤표지에 표시되어 있습니다.

차례

AI와 제3의 눈: 인지의 시대, 학습을 다시 생각하다

'생각에 대해 생각하는 것.' 메타 인지를 한마디로 정의하면 이렇다. 언뜻 철학적 사유처럼 들리는 이 개념은 오늘날 교육계에서 가장 뜨거운 화두로 떠올랐다. 사실 그 뿌리는 고대 철학까지 거슬러 올라가지만, 교육적 가치가 본격적으로 조명받기 시작한 건 20세기 후반의 일이다.

메타 인지는 수학 공식이나 영어 단어처럼 특정 과목에만 쓸모 있는 지식이 아니다. 한번 익히면 국어든 과학이든, 심지어 일상생활에서도 두루 활용할 수 있는 범용 능력이다. 자신이 무엇을 알고 모르는지 파악하고, 지금 쓰는 방법이 맞는지 점검할 줄 아는 학생은 학교를 졸업한 뒤에도 새로운 상황에 유연하게 적응한다. 오이시디(OECD)가 AI 시대를 살아갈 핵심 역량으로 메타 인지를 꼽은 이유도 여기에 있다(OECD, 2018).

'메타 인지'라는 용어 자체는 1970년대에 처음 등장했지만, 그 정신은 훨씬 오래전부터 이어져 왔다. 소크라

테스는 "너 자신을 알라"고 했고, 교육 철학자 존 듀이(John Dewey)는 "의미 있는 학습은 반드시 성찰을 동반해야 한다"고 강조했다. 이런 통찰들이 모여 심리학자 존 플라벨(John Flavell)이 아동의 사고 과정을 연구하면서 메타 인지라는 개념의 학술적 틀을 완성했다.

그런데 지금, 생성형 AI의 등장으로 상황이 완전히 달라졌다. 챗GPT(ChatGPT) 같은 도구가 순식간에 답을 내놓는 시대, 이제 중요한 건 '무엇을 아느냐'가 아니라 '어떻게 배우느냐'다. 정보야 검색 한 번이면 쏟아지지만, 그 정보를 가려내는 분별력, 자기 학습을 점검하는 능력, 변화에 유연하게 대처하는 사고력은 그 어떤 AI도 대신해 줄 수 없다. AI가 내놓은 답이 맞는지 판단하고, 그 답을 어떻게 활용할지 결정하며, 자신의 이해를 어떻게 발전시킬지 아는 것이 바로 AI 시대 학습의 핵심이다.

이제 학습자는 수동적으로 정보를 받아먹는 존재가 아니다. 무엇을 물어볼지, 어떻게 해석할지, 어디를 더 파고들지 스스로 판단하는 능동적 주체가 되어야 한다. AI는 우리에게 학습의 깊이를 요구하는 새로운 환경을 만들어 냈다. 메타 인지 능력을 갖춘 학습자는 급변하는 문제 상황에서도 중심을 잃지 않고, 정보의 홍수 속에서도 자신만의 길을 찾아간다.

교사의 역할도 빠르게 바뀌고 있다. 손가락 하나로 모든 지식에 접근할 수 있는 시대에 교사는 더 이상 지식 전달자가 아니다. 학생들이 스스로 생각하고 성찰하는 습관을 기르도록 돕는 조력자, 그것이 새로운 교사상이다. 메타 인지를 가르친다는 것은 곧 학생에게 '스스로를 가르치는 방법'을 가르치는 것이다.

이 책은 바로 이런 시대적 과제를 정면으로 다룬다. AI와 함께하는 학습 환경에서 어떻게 하면 진정한 사고력을 기를 수 있을까?

나는 AI를 전통 학습을 위협하는 적이 아니라, 메타 인지를 촉진하는 도구로 봐야 한다고 생각한다. 챗GPT나 클로드(Claude) 같은 대화형 AI는 개인 과외 선생님처럼 학습자의 사고를 되짚어 주고, 깊이 있는 질문을 던질 수 있다. 하지만 동시에 경계해야 할 점도 있다. AI에 지나치게 의존하면 '메타 인지적 나태'에 빠질 위험이 있다. 모든 사고를 AI에게 맡겨 버리면 스스로 문제를 해결하고 비판적으로 생각하는 능력은 점점 퇴화할 수밖에 없다.

이 책은 바로 그 양면성을 균형 있게 다룬다. AI가 어떻게 피드백과 질문, 성찰 도구로 활용될 수 있는지 살펴보는 동시에, 어떻게 하면 AI의 답을 무비판적으로 받아들이지 않을 수 있는지도 탐구한다. 각 장에서는 전략 수립과 실행, 노력 조절, 실패에서 배우기, 목표 설정, 비판적 사고 등 메타 인지 학습의 핵심 영역을 하나씩 다룬다. 그리고 각 영역마다 구체적인 실천 방법과 예시, 교육 현장의 실제 사례를 담았다.

이런 구성은 메타 인지를 단순한 기술이 아니라 복합적인 사고 습관으로 이해하는 관점을 반영한다. 계획 세우기, 이해도 점검하기, 좋은 질문 만들기, 학습 과정 돌아보기 등 모든 과정에서 AI는 든든한 조력자가 될 수 있다. 단, 주인공은 언제나 학습자 자신이어야 한다. 목표는 사고의 자동화가 아니라 인식의 확장이다.

결국 미래의 학습은 인간이냐 기계냐를 선택하는 문제가 아니다. 기계가 인간의 사고를 어떻게 증폭할 수 있는지, 그 과정에서 인간이 얼마나 더 성찰적인 존재로 성장할 수 있는지를 설계하는 일이 핵심이다. 메타 인지는 이 둘을 연결하는 다리다. 새로운 교육의 시대를 맞아 우리에게 필요한 건 더 똑똑한 기술만이 아니다. 더 지혜로운 학습자를 길러 내는 일이다.

이 책이 그런 지혜를 함께 만들어 가는 여정의 시작점이 되길 바란다. 작은 성찰의 순간 하나하나가 모여 큰 변화를 만든다.

정보의 붕괴와 성찰적 학습의 부상

오랫동안 교육은 한 가지 전제 위에서 작동했다. '지식은 귀하다.' 정보는 도서관이나 강의실, 교과서라는 좁은 문을 통해서만 얻을 수 있었고, 주로 특정 기관이나 전문가들이 그 문을 지키고 있었다. 학습자는 그저 귀 기울이고, 읽고, 받아들이는 수동적 존재였다. 그런 시대에는 좋은 정보에 접근하는 것 자체가 특권이었고, 교육의 과제는 그 특권을 보다 많은 사람에게, 보다 공평하게 나누는 데 있었다.

하지만 지난 20년 사이에 상황은 180도 바뀌었다. 인터넷과 생성형 AI의 등장으로 정보의 성벽이 무너졌다. 이제 사실이든 개념이든, 심지어 고도의 전문 지식까지도 특정 집단의 전유물이 아니다. 인터넷만 연결되면 언제 어디서든 원하는 정보를 찾고, 요약하고, 번역하고, 심지어 나만을 위한 맞춤 학습 계획까지 받을 수 있다. 챗GPT, 퍼플렉시티(Perplexity), 클로드 같은 AI 도구들은 설명부터 수업 계획, 문제 풀이, 일대일 과외까지 실시간으로 제공한다.

정보 접근이 이토록 쉬워진 지금, 학습자가 마주한 진짜 과제는 '정보를 얻는 것'이 아니라 '정보의 홍수 속에서 길을 잃지 않는 것'이다. OECD는 이를 '정보 과잉 시대의 교육 재정의'라고 부른다. 2023년에 발표한 생성형 AI 교육 보고서에서 OECD는 이렇게 경고한다. "AI는 학습의 효율성과 개인화를 높일 수 있지만, 동시에 검증되지 않은 방대한 정보로 학습자를 압도할 수도 있다"(OECD, 2023).

이제 AI는 단순히 정보를 전달하는 도구가 아니다. 어떤 정보를 어떤 틀로 보여 줄지 결정하는 '편집자' 역할까지 한다. 학습자는 더 이상 지식을 그대로 받기만 해서는 안 된다. 적극적으로 질문하고, 가려내고, 해석하는 주체가 되어야 한다.

유네스코(UNESCO)도 비슷한 우려를 표했다. AI로 인해 정보의 경계가 무너지면서 전통적인 교육 구조와 신뢰 체계도 함께 흔들리고 있다는 것이다. 2023년 유네스코 교육자 가이드라인은 이렇게 강조한다. "AI 시대의 학습은 단순한 정보 검색이 아니라 정보의 타당성을 판단하고 자신의 목표에 맞게 해석하는 능력이 중심이 되어야 한다"(UNESCO, 2023).

문제는 이런 능력을 저절로 갖추기는 어렵다는 점이다. 특히 학문적 탐구에 익숙하지 않은 학생이나 정보 접근이 어려웠던 계층일수록 검증되지 않은 정보의 홍수 속에서 쉽게 혼란에 빠진다. 깊이 있는 탐구보다는 표면적인 콘텐츠에만 의존하게 되기도 한다.

이런 상황에서 교육의 가치도 달라져야 한다. 학교나 대학은 더 이상 지식의 공급처가 아니다. 정보를 통찰력 있게 탐색하고 활용할 수 있도록 돕는 '지적 내비게이터'가 되어야 한다. 단순히 내용을 가르치는 게 아니라, 내용을 어떻게 다뤄야 하는지, 어떤 질문을 던져야 하는지, 모순을 어떻게 감지하고 조정할지를 가르쳐야 한다. 이것이 바로 메타 인지적 사고, 즉 자신의 사고 과정을 자각하고 조절하는 능력과 직결된다.

생성형 AI는 이런 변화를 더욱 가속한다. AI는 정보를 더 많이 제공할 뿐만 아니라 요약하고, 재구성하고, 때로는 그럴듯한 오류까지 만들어 낸다. 정보의 양만 늘어난 게 아니라 인지적 혼란과 불확실성도 함께 커진 것이다.

이제 학생들은 끊임없이 자문해야 한다. "이게 정말 사실일까?" "내가 제대로 이해한 걸까?" 이런 질문에 답하는 건 AI가 아니라 학습자 자신의 메타 인지 시스템이다.

이런 환경에서 새롭게 등장하는 학습자상이 있다. 'AI 활용 능력을 갖춘 메타 인지적 학습자'다. 이들은 AI를 단순한 도구로 소비하지 않는다. 비판적 사고와 자기 점검을 위해 적극 활용한다. 다양한 정보를 비교하고, 전제를 검토하며, 자신의 이해 과정을 추적하고 확장한다. 넘쳐 나는 정보에 주눅 들지 않고, 오히려 그 속에서 핵심을 추려 내고 구조화하는 능력으로 학습을 주도한다.

하지만 이런 새로운 학습자의 등장은 교육 형평성이라는 또 다른 문제를 낳는다. 메타 인지 습관이 형성되지 않은 학생은 정보의 바다에서 쉽게 표류한다. 디지털 리터러시와 적절한 안내를 받은 소수만이 성장 기회를 누린다면? 정보 접근의 격차보다 더 심각한 건 정보를 다루는 능력의 격차다. 이것이 교육 불평등의 새로운 경계선이 될 수 있다.

OECD와 유네스코가 한목소리로 말한다. 미래의 교육은 더 이상 '기억'의 문제가 아니라 '전략'의 문제다. 학습자는 정보를 모으는 사람이 아니라 정보를 분류하고 해석하고 전략적으로 구성하는 사람이 되어야 한다. 메타 인지는 더 이상 있으면 좋은 능력이 아니다. 끝없는 정보 속에서 분별력을 유지하기 위한 필수 생존 기술이다.

메타 인지란 무엇이고, 왜 중요한가

메타 인지를 한마디로 정의하면 '생각에 관한 생각'이다. 자신의 인지 과정을 들여다보고 조절하는 능력을 뜻한다. 1970년대 발달 심리학자 존 플라벨이 처음 학문적 개념으로 정립한 이후, 교육 심리학과 인지 과학 전반에 깊은 영향을 끼쳤다(Flavell, 1979).

플라벨은 메타 인지를 세 가지 요소로 나눴다. 첫째, 메타 인지적 지식. 자신의 학습과 관련된 이해를 말한다. 둘째, 메타 인지적 조절. 학습을 계획하고 점검하며 평가하는 능력이다. 셋째, 메타 인지적 경험. 학습 중에 느끼는 자각이나 감정을 가리킨다.

이 구조는 이후 수십 년간 교육 심리 연구의 뼈대가 됐다. 메타 인지적 지식에는 자기 강점과 약점을 아는 것, 학습 전략을 이해하는 것, 상황에 맞는 전략을 선택하는 능력이 포함된다. 메타 인지적 조절은 과제를 계획하고, 학습 중에 이해도를 점검하며, 학습 후에 전략의 효과를 평가하는 과정을 말한다. 메타 인지적 경험은 '지금 잘 이해하고 있나', '어디가 헷갈리지' 같은 자각이나, 문제를 풀고 난 뒤의 자신감 같은 것들이다.

메타 인지가 특히 강력한 이유는 어디에나 쓸 수 있다는 점이다. 특정 과목에만 통하는 공식이나 요령과 달리, 메타 인지는 모든 영역에 적용된다. 역사 수업에서 자기 이해도를 점검하는 방법을 익힌 학생은 수학이나 일상 문제에도 같은 전략을 쓸 수 있다. 이런 범용성 때문에 메타 인지는 21세기 핵심 역량으로 주목받는다.

그 효과는 존 해티(John Hattie)의 대규모 분석으로 입증됐다. 그는 800편이 넘는 교육 연구를 종합한 《보이는 학습(Visible Learning)》에서 메타 인지 전략 교육이 학습 성취도에 평균 0.69의 효과 크기를 보인다고 밝혔다. 이는 교육 개입 중 상위권에 속하며, 일반 수업 대비 약 8개월의 추가 학습 효과를 의미한다(Hattie, 2009).

하지만 해티는 단순히 "생각을 하라"고 말하는 것만으로는 부족하다고 강조한다. 메타 인지의 효과는 명시적이고 지속적인 지도에서 나온다. 교사가 자신의 사고 과정을 보여 주고, 학생들이 스스로 점검하도록 피드백과 성찰 기회를 제공해야 한다. 이런 전략이 수업에 녹아든 교실에서는 성적뿐 아니라 자신감, 회복력, 자기 주도성도 함께 자란다.

메타 인지는 시험을 잘 보기 위한 요령이 아니다. 평생 학습의 관점을 몸에 익히는 사고방식이다. 메타 인지적 학습자는 피드백을 구하고, 실패했을 때 전략을 수정하며, 어려움 속에서도 쉽게 포기하지 않는다. 실패나 혼란을 성찰의 신호로 받아들인다. 이는 성장 마인드셋과도 통한다. 지능이 고정된 게 아니라 발전할 수 있다는 믿음이 학습을 유연하게 만든다.

메타 인지는 혼자 노력한다고 저절로 생기지 않는다. 교사는 이를 끌어내는 환경을 만들어야 한다. 가령 수업 중에 "이 개념을 이해하기 위해 어떤 방법을 쓰고 있나요", "정답이 맞다는 걸 어떻게 확신했나요"와 같은 질문을 던지는 것이다. 이런 질문이 쌓이면 학생은 자연스럽게 자기 사고를 점검하고 조절하는 힘을 기른다.

메타 인지는 모든 학생에게 유익하지만, 특히 학습에 어려움을 겪는 학생에게 결정적이다. 이들이 실패하는 이유는 노력이나 지능 부족이 아니라 전략을 모르기 때문인 경우가 많다. 체계적인 전략 교육은 학습 결과뿐 아니라 태도까지 바꾼다.

메타 인지의 가치는 정규 교육을 넘어 직장, 평생 학습, 일상의 의사 결정으로 확장된다. 급변하는 사회에서 자신의 사고를 돌아보고 조정하는 능력은 적응 지능의 핵심이다. 새로운 정보를 받아들이고 기존 지식을 재해석해야 하는 시대에 메타 인지는 곧 '살아남는 힘'이다.

AI가 보편화된 지금, 정보는 차고 넘친다. 챗GPT 같은 AI는 거의 모든 질문에 답할 수 있다. 하지만 중요한 건 그 답이 정말 맞는지 판단하고, 그 정보가 내 학습과 어떻게 연결되는지 점검하는 능력이다. AI는 도움을 줄 수 있지만, 학습의 방향키는 인간의 손에 있어야 한다.

그 방향키가 바로 메타 인지다.

생성형 AI와 메타 인지: 시너지인가, 충돌인가?

생성형 AI과 메타 인지의 만남은 교육에 기회이자 도전을 동시에 안겨 준다. 챗GPT, 클로드, 칸미고(Khanmigo) 같은 AI 도구들은 학습자의 자기 인식과 반성, 전략 조정을 돕는 강력한 수단이 될 수 있다. 바로 메타 인지 학습의 핵심 기능들이다. 하지만 동시에 AI의 편리함은 학습자가 기울이던 인지적 노력을 줄이고 수동적인 정보 소비를 부추길 위험도 있다. AI는 어떻게 활용하느냐에 따라 메타 인지 습관을 강화할 수도, 약화할 수도 있는 양날의 검이다.

AI의 강력한 기능 중 하나는 '반성적 대화 파트너' 역할이다. 메타 인지 촉진을 목표로 설계된 칸미고는 소크라테스식 질문법으로 학습자의 사고 과정을 이끈다. 학습자가 자신의 추론을 설명하고, 가정에 도전하며, 다른 접근을 시도하도록 유도한다. 이런 작동 방식은 인간 교사의 메타 인지 발문과 비슷하지만, 24시간 이용 가능하고 인내심은 무한하다. 초기 실험에 따르면 이런 AI 도구를 쓰는 학생들은 자기 사고를 더 자주 말로 표현하고,

실수에 대한 두려움도 덜 느낀다고 한다(Khan, 2023).

더 정교한 활용법도 있다. AI가 일부러 약한 논리를 펼치는 가상 인물 역할을 하게 하는 것이다. 학생은 그 오류를 찾아내고 설명하면서 자기 사고를 재구성한다. 실제로 어떤 교실에서는 학생들이 AI의 실수를 지적하고 'AI를 가르치는' 과제를 수행한다. 이는 머릿속 생각을 밖으로 꺼내 보는, 즉 메타 인지적 사고를 외화하는 효과를 낳는다.

하지만 이런 효과는 AI를 어떻게 쓰느냐에 달려 있다. 최근 학계에서는 '메타 인지적 나태' 현상을 우려하는 목소리가 커지고 있다. 텍스트 요약, 수학 문제 풀이, 글쓰기 초안 작성 등을 AI에게 맡기면 학습자의 자기 조절 능력이 약해질 수 있다는 것이다. 한 연구에 따르면 챗GPT를 활용한 학생들의 과제 제출률은 높았지만, 비판적 사고와 자기 점검은 오히려 줄어들었다(Fan et al., 2025). 결과적으로 AI는 학습을 돕기보다는 과제를 '대행'한 셈이다.

이런 문제를 해결하려면 'AI 리터러시'를 메타 인지와 함께 가르쳐야 한다는 주장이 나온다. 단순히 도구를 쓸 줄 아는 걸 넘어서, 언제, 어떻게, 왜 사용해야 하는지, 생성된 결과물을 어떻게 평가할지에 대한 역량 말이다.

예를 들어 챗GPT가 그럴듯한 설명을 내놓았을 때 학생은 "이 설명이 논리적으로 타당한가", "나의 이해와 어떻게 다른가", "빠진 부분은 없는가"를 스스로 묻고 답할 수 있어야 한다.

이런 접근은 AI를 학습의 '촉매제'로 활용하는 것이다. AI가 제공한 정보나 해석을 출발점으로 삼되, 거기서 멈추지 않고 더 깊이 파고 들어가는 것이다. 한 교육자는 이를 "AI와의 비판적 대화"라고 표현했다. AI의 응답을 무조건 수용하는 게 아니라, 계속해서 "왜", "어떻게", "만약에"라는 질문을 던지며 사고를 확장해 나가는 과정이다.

실제로 몇몇 교육 현장에서는 이미 이런 방식을 실험하고 있다. 학생들에게 챗GPT로 초안을 작성하게 한 뒤, 그 내용의 정확성을 검증하고, 논리적 허점을 찾아내며, 자신만의 관점을 추가하도록 지도한다. 이 과정에서 학생들은 자연스럽게 정보의 신뢰성을 평가하고, 다양한 관점을 종합하며, 자신의 이해를 명확히 표현하는 법을 배운다.

그러나 이런 이상적인 활용이 모든 학습 상황에서 가능한 것은 아니다. 시간 압박이나 평가의 부담 속에서 학생들은 종종 AI가 제공한 답을 그대로 사용하려는 유혹에 빠진다. 특히 표준화된 시험이나 정답이 명확한 과제에서는 AI를 '답안 생성기'로 활용하려는 경향이 강하다. 이는 단기적으로는 성적 향상을 가져올 수 있지만, 장기적으로는 독립적 사고 능력의 위축을 초래한다.

교육 시스템 차원에서도 변화가 필요하다. AI 시대에 맞는 새로운 평가 방식을 개발해야 한다는 목소리가 높다. 단순 암기나 정보 재현을 평가하는 대신, 정보를 분석하고 종합하며 창의적으로 활용하는 능력을 측정해야 한다는 것이다. 일부 선진적인 교육 기관에서는 이미 '오픈 AI' 시험을 도입했다. 학생들이 AI 도구를 자유롭게 사용할 수 있지만, 그 사용 과정과 결과물에 대한 비판적 성찰을 함께 평가하는 방식이다.

AI와 메타 인지의 관계는 결국 '도구와 주체'의 관계로 귀결된다. AI는 강력한 도구지만, 그 도구를 언제, 어떻게, 왜 사용할지 결정하는 것은 인간의 메타 인지적 판단이다. AI가 아무리 발전해도 학습의 목적을 설정하고, 과정을 성찰하며, 결과를 평가하는 주체는 여전히 인간이어야 한다.

이런 관점에서 보면, AI 시대의 메타 인지 교육은 더욱 중요해진다. 학생들이 AI를 효과적으로 활용하면서도 자신의 사고력을 잃지 않도록 돕는 것, 정보의 홍수 속에서도 비판적 판단력을 유지하도록 지원하는 것, 편리한 도구에 의존하면서도 지적 자율성을 키워 나가도록 안내하는 것. 이것이 21세기 교육이 직면한 새로운 과제다.

미래는 AI와 인간이 협업하는 시대가 될 것이다. 그 협업이 진정한 시너지를 만들어 내려면, 인간은 자신의 고유한 강점인 메타 인지 능력을 더욱 발전시켜야 한다. AI가 정보 처리와 패턴 인식에서 인간을 앞서간다면, 인간은 목적 설정, 가치 판단, 창의적 문제 해결에서 자신의 역할을 찾아야 한다. 그 출발점이 바로 '나 자신의 사고를 아는 것', 즉 메타 인지다.

정보 과부하 시대의 메타 인지 전략

디지털 시대, 특히 생성형 AI 시대에 접어들며 학습자들은 끊임없이 쏟아지는 정보 속에서 자신의 학습 목표를 명확히 유지하는 데 점점 더 어려움을 겪고 있다. 정보 과부하는 더 이상 비유가 아니라 실제로 측정할 수 있는 인지 현상이다. 오늘날 단 한 명의 학습자가 접할 수 있는 정보의 양은 인간이 실제로 처리하고 평가하며 기억할 수 있는 한계를 훨씬 넘어선다. 이러한 데이터 범람은 인지적 피로, 피상적 이해, 산만한 학습 습관을 유발할 수 있다.

이 문제를 해결하는 효과적인 방법의 하나는 의도적인 메타 인지 전략의 활용이다. 특히 학습 인식력, 집중력, 기억을 동시에 강화하는 자기 점검(self-testing)과 체계적 학습 조절 모델이 주목받고 있다.

자기 점검, 또는 인출 연습(retrieval practice)은 단순 복습이 아닌 기억을 떠올리는 활동이다. 반복해서 읽는 방식은 '알고 있다'는 착각을 유도하지만, 자발적 인출은 인지적 노력을 유도하고 기억 흔적을 강화해 장기 기억으로 이어진다. 이른바 테스트 효과(testing effect)는 수많은 연구를 통해 검증되었으며, 현재는 증거 기반 학습 전략의 핵심이다. 인출 연습은 단순 암기법이 아니라 메타 인지적 감각을 자극한다. 학습자는 스스로 무엇을 알고 있고, 무엇을 모르는지를 자각하며 학습 계획을 조정할 수 있다. 뢰디거(Henry Roediger)와 버틀러(Andrew Butler)는 이를 "인출은 단순한 평가 도구가 아니다. 기억을 변화시키고 학습을 개선한다"라고 설명한다(Roediger & Butler, 2011).

자기 점검의 장점은 실행이 매우 간단하다는 데 있다. 플래시 카드, 교재 문제, 주요 개념 요약 후 노트와 비교 등으로도 가능하다. 여기에 AI 도구를 활용하면 효과는 더욱 커진다. 예를 들어 챗GPT에 문제를 생성하게 하거나, 구술시험을 시뮬레이션하게 하거나, 개념 이해를 테스트할 오답 선택지를 만들게 할 수 있다. 그러나 핵심은 AI가 아닌, 학습자가 자신의 머릿속에서 정답을 만들어 내는 인지적 노력이다. AI는 도우미이지, 사고 과정을 대신할 수는 없다.

이런 전략을 뒷받침하는 이론으로 핀트리치(Paul Pintrich)의 자기 조절 학습(self-regulated learning) 모델이 있다. 이 모델은 정보 과부하 시대 학습자가 능동적으로 정보를 조절하는 방식을 설명한다. 핀트리치는 학습 과정을 4단계로 나눈다. (1) 계획, (2) 점검, (3) 조절, (4) 반성. 각 단계는 목표 설정, 전략 조정, 결과 평가 등 메타 인지적 요소와 연결된다(Pintrich, 2000). 특히 AI 환경에서 이 모델은 '능동적 통제'의 중요성을 강조한다. 즉, 학습자는 정보를 단순히 받는 존재가 아니라 분류하고 재구성할 수 있어야 한다.

핀트리치는 동기와 인지가 맞물린다고 본다. 학습자가 스스로 조절할 수 있다고 믿을 때 메타 인지 전략을 더 적극적으로 사용한다. 이 관점은 AI 활용에도 적용된다. 교사는 학생이 AI를 단순한 도구가 아니라 학습 목표 달성의 도구로 활용하게 도와야 한다. 예를 들어 요약을 요청하기보다 AI에게 문제를 내게 하고, 자신의 답과 비교하며 보완할 부분을 점검하도록 하는 방식이다. 이는 핀트리치 모델의 '조절(control)' 단계로, 실시간 피드백에 따라 전략을 조정하게 한다.

이 모델은 교실 수업에도 적용할 수 있다. 수업 시작 전 "내가 배우고 싶은 것은", 수업 중 "아직 헷갈리는 부분은", 수업 후 "이 지식을 어떻게 활용할 수 있을까" 같은 질문을 던지는 것이다. 이는 학습자가 정보 환경을 스스로 조율하는 습관을 기르도록 돕는다.

정보 과부하 극복에는 사회적 상호 작용도 중요하다. 동료에게 설명하고, 반성적 대화를 나누며, 문제를 함께 해결하는 과정은 사고 오류를 드러내고 개념 이해를 돕는다. AI는 중립적 질문자 역할을 할 수 있지만, 진정한 메타 인지 효과는 학습자가 서로의 사고 과정을 실시간으로 음성화하며 반성하는 데서 나온다. 이러한 사회적 메타 인지 활동은 개인의 이해도뿐 아니라 학습 공동체 전체의 질도 높인다.

이 문제는 단순 인지 문제가 아니다. 정보의 양과 복잡성은 정서적 부담으로 이어질 수 있다. 과도한 정보에 짓눌린 학생은 학습 동기를 잃고 회피할 수 있다. 이때 메타 인지 전략은 불안을 줄이고 학습을 통제할 수 있다는 확신을 심어 준다. '어떻게 시작할까', '지금 잘하고 있는가'라는 감각은 혼란 속에서 방향을 제공한다.

생성형 AI는 요약, 해석, 문제 해결 결과물을 끊임없이 제공한다. 이런 환경에서 판단력과 분별력은 더욱 중요해진다. 자기 점검과 반성적 질문 같은 메타 인지 루틴은 수동적 소비에서 능동적 학습으로의 전환을 이끈다. 학습자는 "정말 이해한 것일까"라는 질문을 통해 다음 단계로 나아갈 준비를 하게 된다. 정보 과부하는 더 이상 장애물이 아니라 메타 인지적 회복력을 기를 기회가 되고 있다.

질문을 끝내지 않는 사람을 위한 책

메타 인지는 단일한 정의나 기법으로 요약될 수 없는 복합적이고 순환적인 학습 과정이다. 이는 자신이 어떻게 학습하는지를 인식하고 조절하는 태도이자, 이를 실천할 수 있는 전략의 도구함이기도 하다. 이 책은 메타 인지의 폭넓은 본질을 담아내기 위해 각 장에 하나의 핵심 영역을 설정하고, 생성형 AI와 어떻게 만나는지를 중심으로 구조화했다.

전체 구성은 의도적인 학습 설계 흐름을 따른다. 앞부분에서는 개념적 기초를 다룬다. 메타 인지란 무엇이며,

어디서 시작되었고 어떻게 발전해 왔는가? 이런 질문에서 출발해 책은 점차 실천적이고 도구 중심의 주제로 확장된다. AI 도구의 활용, 자기 점검, 실패 분석, 학습 계획 수립 등 실제 교육 현장에서 응용할 수 있는 내용으로 이어진다. 각 장은 메타 인지 능력의 한 영역을 독립적으로 탐색하며, 전체적으로는 학습자의 여정을 구성한다 – 자각에서 전략으로, 반성에서 실천으로.

이런 모듈형 구조는 배리 지머먼(Barry Zimmerman)의 자기 조절 학습(Self-Regulated Learning, SRL) 이론에 기반한다. 그의 모델은 학습 과정을 계획, 수행, 반성의 세 단계로 구분하며, 이들이 순환하면서 학습이 심화한다고 본다(Zimmerman, 2002). 책의 장 구성도 이 흐름과 대응한다. 예를 들어 4장의 목표 설정과 5장의 전략 선택은 계획 단계에, 6장과 7장은 수행과 반성을 다룬다. 마지막 장들은 AI 시대에 메타 인지 교육이 어떤 방향으로 나아가야 하는지를 조망한다.

이 구성은 국제적 흐름과도 맞닿아 있다. OECD는 《학습 나침반 2030(Learning Compass 2030)》을 통해 미래 시민의 핵심 역량으로 '인지 및 메타 인지 능력'을 사회 정서적, 실천 역량과 함께 제시하고 있다. 불확실성과 모호성이 일상이 된 시대에 필요한 것은 지식 자체가 아니라 지식을 어떻게 습득하고 활용할지를 조절할 수 있는 능력이다(OECD, 2019).

이러한 변화는 더 이상 먼 미래의 이야기가 아니다. 이미 교육 현장과 직장에서 현실이 되었다. 기업은 고정된 전문성보다 유연한 사고와 반성적 사고력을 중시하고, AI 튜터와 함께 성장한 학생들은 단지 정답을 아는 것을 넘어 그 답에 어떻게 도달했는지 설명할 수 있어야 한다. 메타 인지 능력을 갖춘 학습자는 더 나은 학생일 뿐 아니라 더 나은 의사 결정자이자 협력자, 문제 해결자가 된다.

또한 열 개의 장으로 구성한 이유는 메타 인지 학습이 단번에 습득되는 선형적 과정이 아니라, 다양한 지점에서 시작하고 반복적으로 심화하는 순환적이고 층위적인 성장 과정이기 때문이다. 어떤 독자는 3장의 AI 기반 자기 점검 전략에 먼저 관심을 둘 수 있고, 다른 이들은 8장의 자율성과 동기 부여에 더 깊이 공감할 수 있다. 이 책은 정해진 순서대로 읽히기를 기대하지 않는다. 오히려 독자가 자신의 학습 흐름을 구성하도록 설계했다. 이는 곧 메타 인지의 본질—유연하고 의도적이며 자기 주도적인 학습—을 반영한다.

이 책이 전하려는 메시지는 단일한 방법론 제시가 아

니다. 다양한 이론, 연구 기반 통찰, 실제 적용 예시를 담은 확장 가능한 도구함(toolkit)을 제공하고자 한다. 독자는 이를 선택하고 적용하며 자신만의 방식으로 조합할 수 있다. 그래서 이 책은 단순히 읽는 책이 아니라 사고를 실험하는 실천서다. 각 질문, 사례, 활동은 자기 사고를 점검할 기회이며, 학습자는 자신을 관찰하고 조절하며 변화시키는 주체가 된다.

이 책은 다양한 독자에게 열려 있다. 교사는 반성적 사고를 수업에 녹이는 방법을, 학생은 자기 주도 학습 역량을, 평생 학습자나 직장인, 부모는 불확실한 환경 속에서 의식적인 사고의 실마리를 발견할 수 있다. 그러나 무엇보다 이 책은 '정답 이후에도 질문을 던지는 사람', 어제와 다른 오늘의 이해를 궁금해하는 사람, 학습을 끝이 아닌 평생 다듬어야 할 과정으로 여기는 사람을 위한 책이다.

이제 당신의 여정이 시작된다. 확신보다 주의 깊은 태도로 페이지를 넘기자. 아는 것을 다시 질문하고, 하나의 프롬프트를 실험해 보자. 누군가에게 전략을 설명해 보자. 그리고 그 모든 순간에 이렇게 자문해 보자. "나는 지금 어떻게 배우고 있는가?"

참고문헌

Fan, Y. et al.(2025). Beware of Metacognitive Laziness: Effects of Generative Artificial Intelligence on Learning Motivation, Processes, and Performance. *British Journal of Educational Technology*.

Flavell, J. H.(1979). Metacognition and Cognitive Monitoring: A New Area of Cognitive-Developmental Inquiry. *American Psychologist, 34*(10), pp.906~911.

Hattie, J.(2009). *Visible Learning: A Synthesis of Over 800 Meta-Analyses Relating to Achievement*. Routledge.

Khan, S.(2023.3.22). How ChatGPT Is Helping Khan Academy Reimagine AI in Education. Khan Academy Blog.

OECD(2018). The Future of Education and Skills: Education 2030.

OECD(2019). OECD Learning Compass 2030: A Series of Concept Notes.

OECD(2023). Generative AI in the Classroom: From Hype to Reality? Background paper for OECD Schools+ Network Meeting, May 22~23, 2023.

Pintrich, P. R.(2000). The Role of Goal Orientation in Self-Regulated Learning. In Boekaerts, M. et al.(eds.). *Handbook of Self-Regulation*, pp.451~502. Academic Press.

Roediger, H. L. & Butler, A. C.(2011). The Critical Role of Retrieval Practice in Long-Term Retention. *Trends in Cognitive Sciences, 15*(1), pp.20~27.

UNESCO(2023). Guidance for Generative AI in Education and Research.

Zimmerman, B. J.(2002). Becoming a Self-Regulated Learner: An Overview. *Theory Into Practice, 41*(2), pp.64~70.

01
메타 인지란 무엇인가

메타 인지는 자신의 사고 과정을 인식하고 조절하는 능력으로, 단순한 지식 습득을 넘어서는 학습의 핵심 동력이다. 학습자가 전략을 계획하고 오류를 감지하며 사고를 유연하게 조정할 때 비로소 진정한 이해가 시작된다. 모든 학습 맥락에서 전이 가능한 자기 주도적 사고의 기반이 되며, 평생 학습 시대 학습자에게 필수적인 역량이다.

AI와 1인 창업?

메타 인지의 정의와 구조

메타 인지는 자신의 인지 과정을 들여다보고 조절하는 능력이다. 이를 "인지 현상에 대한 지식과 사고"라고 정의하며 학문적 개념으로 정립한 것은 1979년 존 플라벨(John Flavell)이었다(Flavell, 1979). 쉽게 말해 자신이 무엇을 알고 있고, 무엇을 모르며, 어떻게 배우는지를 스스로 아는 능력이다. 일반적으로 메타 인지는 세 가지 요소로 나뉜다.

첫 번째는 메타 인지적 지식이다. 학습자가 자신에 대해, 그리고 과제나 전략에 대해 알고 있는 내용을 말한다. 어떤 학생은 자신이 시각 자료를 볼 때 더 잘 이해한다거나 실제 사례가 있으면 개념이 쉽게 와닿는다고 스스로를 파악한다. 또 다른 학생은 수학 개념을 단계별 예제로 배울 때 더 잘 이해한다는 점(전략에 대한 선언적 지식), 플래시 카드를 효과적으로 활용하는 방법(절차적 지식), 어휘 암기에는 플래시 카드가 효과적이라는 점(조건적 지식)을 알고 있을 수 있다(Schraw, 1998). 이런 지식이 풍부할수록 학습자는 다양한 전략을 상황에 맞게 활용할 수 있고, 학습 성과도 그만큼 높아진다.

두 번째는 메타 인지적 조절이다. 학습 과정에서 인지 활동을 능동적으로 통제하는 능력을 뜻한다. 학습 전에는 목표를 세우고 전략을 선택하며(계획), 학습 중에는 자신의 이해도를 점검하고(모니터링), 학습 후에는 어떤 전략이 효과적이었는지를 평가한다(평가). 학생이 글쓰기 과제를 앞두고 논점을 미리 정리한 뒤, 작성 중간에 자신이 이 개념을 정확히 이해하고 있는지 스스로 묻고, 과제를 마친 뒤에는 어떤 방식이 효과적이었는지 돌아보는 것이 그 예다. 이런 조절 능력은 실시간 판단과 전략 전환을 가능하게 하는 핵심 기능이며, 배리 지머먼(Barry Zimmerman)의 자기 조절 학습 이론과도 밀접하게 연결된다(Schraw, 1998; Zimmerman, 2002).

중요한 점은 이런 조절 능력을 후천적으로 학습할 수 있다는 것이다. 교사는 과제를 단계별로 나누거나, 자가 점검 질문을 유도하거나, 시험 후 성찰 활동을 통해 학생의 전략적 사고력을 길러 줄 수 있다.

세 번째는 메타 인지적 경험이다. 학습 중에 발생하는 내면의 느낌이나 판단을 가리킨다. 익숙한 문제를 만났을 때의 자신감, 복잡한 내용을 읽다가 느끼는 혼란, '알 듯 말 듯한' 혀끝 현상 등이 모두 여기에 속한다. 플라벨은 이런 메타 인지적 경험이 학습자의 다음 행동을 결정짓는 중요한 신호 역할을 한다고 강조했다. 내용이 혼란스럽게 느껴진다면 다시 읽거나 도움을 요청할 수 있고,

익숙함을 느낀다면 더 적극적으로 다음 단계로 나아갈 수 있다.

교육 현장에서는 이런 메타 인지적 요소들을 명시적으로 훈련하는 전략이 널리 쓰인다. 대표적인 예가 '생각을 말하기' 기법이다. 학생에게 자신의 사고 과정을 소리 내어 설명하게 하여 조절과 점검 능력을 강화하는 것이다. 또 다른 방법은 시험 후에 작성하는 '시험 반성지'다. 학생 스스로 어떤 준비가 부족했는지 분석하게 하는 것이다. 이런 활동을 반복하면 학생은 자신의 학습 과정을 돌아보는 습관을 점차 내면화하고, 결국 스스로 전략을 선택하고 조정하는 능력을 갖추게 된다.

메타 인지와 학습 성과의 상관관계

메타 인지를 잘 활용하는 학습자는 대체로 학업 성과도 높다. 자신의 이해 수준을 점검하고 학습 전략을 조절할 수 있는 능력이 학습 효과와 직결되기 때문이다. 어떤 개념을 완전히 이해하지 못했다고 인식한 학생은 해당 내용을 다시 학습하거나 도움을 구하지만, 그렇지 못한 학생은 그냥 넘어간다. 메타 인지적 학습자는 피드백을 바탕으로 학습 방식을 조정하고, 그 결과 더 깊이 이해하게 된다. 메타 인지 능력을 갖춘 학생은 자신이 무엇을 모르는지 알아차리고, 그 차이를 메우기 위한 능동적인 행동을 취한다(Pintrich, 2002). 이들은 실수에서 배우고 전략을 수정하며, 시간이 지날수록 성취 수준을 높여 간다.

무엇보다 중요한 건 이런 능력을 가르칠 수 있다는 점이다. 연구에 따르면 메타 인지 전략을 명시적으로 교육할 때 학업 성과가 실질적으로 향상된다. 초등학교 수준에서도 간단한 성찰 질문만으로 효과가 나타났다. 학습 성취도가 낮은 학생들에게 무엇이 쉬웠는지, 무엇이 어려웠는지 같은 질문을 하게 했을 때, 과학 과목에서 이해도와 문제 해결력이 향상되었다는 보고가 있다(Zohar & Peled, 2008).

중 · 고등학교와 대학에서도 비슷한 전략이 효과를 보이고 있다. 실험 보고서에 예측과 성찰을 포함하거나, 시험 후 학습 전략을 분석하게 하는 '시험 반성지'를 활용하는 방식이 대표적이다. 이렇게 메타 인지적 자기 조절을 수업에 녹여 내면, 학생은 자연스럽게 목표 설정, 자가 점검, 전략 조정을 익히게 된다. 이런 습관은 단지 시험 성적 향상에 그치지 않고, 배운 내용을 오래 기억하고 새로운 상황에 응용하는 데도 탁월한 효과를 보인다.

대규모 분석도 이를 뒷받침한다. 800개 이상의 메타 분석을 종합한 연구에 따르면, 계획하기, 점검하기, 반성하기 등 메타 인지 전략을 가르치는 것은 매우 큰 효과를 나타낸다(Hattie, 2009). 전략 교육을 받은 학생은 그렇지 않은 학생보다 평균적으로 한 해에 8개월 이상의 추가 학습 진전을 보였으며, 이는 시험 점수와 이해도 향상으로 이어졌다.

더 나아가 메타 인지 능력은 단기적 성과를 넘어 평생 학습 역량을 키운다. 이 능력을 지닌 학습자는 더 독립적이고 회복력도 높다. 단지 무엇을 배울지뿐 아니라 어떻게 배울지를 알고 있기 때문이다. OECD를 비롯한 국제기구와 학계에서는 메타 인지를 핵심 미래 역량으로 꼽으며, 이를 "배우는 법을 배우는 능력"의 핵심으로 정의한다. 학습 계획을 세우고, 진행 상황을 점검하며, 실수에서 배우는 태도를 갖춘 학습자는 어떤 환경에서도 지속적으로 성장할 수 있다.

실제로 많은 교육자들은 메타 인지를 "학습 노력의 승수 효과"라고 부른다. 같은 시간을 공부해도 메타 인지 전략을 활용하는 학생이 더 많은 성과를 내기 때문이다. 이런 이유로 교육 현장에서는 다양한 방식으로 메타 인지적 질문을 수업에 포함한다. 문제 풀이 중 사고 과정을 설명하게 하거나, 수업 후 성찰문을 작성하거나, 학습 전 목표를 설정하도록 하는 방식이 대표적이다.

이런 접근은 메타 인지를 단순한 개념이 아닌 실천 가능한 전략으로 자리 잡게 한다. 성찰 전략을 익힌 학생들은 몇 달이 지나도 별다른 지시 없이 이를 자발적으로 활용하며, 자신감은 높아지고 학습 불안은 줄어드는 경향을 보인다. 메타 인지는 그저 공부 잘하는 비법이 아니다. 끊임없이 변화하는 세상에서 스스로 배우고 성장할 수 있는 힘, 그 자체다.

참고문헌

Flavell, J. H.(1979). Metacognition and Cognitive Monitoring: A New Area of Cognitive-Developmental Inquiry. *American Psychologist, 34*(10), pp.906~911.

Hattie, J. A. C.(2009). *Visible Learning: A Synthesis of Over 800 Meta-Analyses Relating to Achievement.* Routledge.

Pintrich, P. R.(2002). The Role of Metacognitive Knowledge in Learning, Teaching, and Assessing. *Theory into Practice, 41*(4), pp.219~225.

Schraw, G.(1998). Promoting General Metacognitive Awareness. *Instructional Science, 26*, pp.113~125.

Zimmerman, B. J.(2002). Becoming a Self-Regulated Learner: An Overview. *Theory into Practice, 41*(2), pp.64~70.

Zohar, A. & Peled, B.(2008). The Effects of Explicit Teaching of Metastrategic Knowledge on Low and High Achieving Students. *Learning and Instruction, 18*(4), pp.337~353.

02
메타 인지 학습법의 역사와 진화

1970년대 심리학 개념으로 출발한 메타 인지가 교육 심리학과 인지 과학의 핵심 이론으로 확장되면서 현대 교육을 변화시켰다. 반성적 사고를 중심으로 한 학습법의 진화 과정을 거쳐, 이제 AI 시대 학습 설계의 핵심 구조로 자리 잡았다. 메타 인지는 단순한 학습 기법을 넘어 미래 교육 철학의 토대가 되고 있다.

AI와 MBTI?

주요 이론 발전의 연대기

메타 인지는 1970년대 후반에 발달 심리학자들에 의해 학문적 주제로 공식화되었다. 존 플라벨(John Flavell)은 '메타 인지'라는 용어를 처음 제안하며, 이를 자기 사고 과정을 점검하고 조절하는 능력으로 정의했다(Flavell, 1979). 같은 시기에 앤 브라운(Ann Brown)은 메타 기억 연구를 통해 아동이 자신의 기억 과정을 인식하고 점차 조절하는 과정을 설명했다(Brown, 1978).

당시 연구자들은 아동이 자신의 이해를 과대평가하는 경향이 있으며, 나이가 들면서 학습을 계획하고 점검하는 능력을 서서히 익혀 간다는 점에 주목했다. 플라벨은 메타 인지를 지식, 경험, 목표, 전략의 네 가지 하위 요소로 구분하며 후속 연구의 기반을 마련했다. 1970년대 말이 되자 메타 인지는 학습 연구의 핵심 개념으로 자리 잡았다.

1980년대에 들어서면서 메타 인지 개념이 교실 현장에 적용되기 시작했다. 교육자들은 사고 기술을 명시적으로 가르치는 다양한 방법을 개발했다. 상호 교수법은 학생들이 번갈아 가며 질문, 요약, 명확화, 예측을 주도하며 독해 과정을 이끄는 혁신적인 방식이었다. 사고 발화나 체크리스트를 활용한 문제 해결법도 이 시기에 도입되었다.

연구 결과는 흥미로웠다. 우수한 학습자들은 계획, 자기 질문, 이해도 점검을 자연스럽게 실천하는 반면, 어려움을 겪는 학생들은 이런 전략 사용이 현저히 부족했다. 1980년대 말부터는 교육 심리학 교과서들이 '배우는 법을 가르치는 법'을 강조하기 시작했고, 가너(Ruth Garner) 같은 연구자들이 메타 인지 훈련의 효과를 체계적으로 정리했다.

1990년대는 메타 인지가 자기 조절 학습 개념과 통합되는 시기였다. 배리 지머먼(Barry Zimmerman)은 동기를 가진 학습자가 계획-수행-반성의 순환을 통해 학습을 조절한다고 설명했다(Zimmerman, 2002). 폴 핀트리치(Paul Pintrich)는 효과적인 학습에서 메타 인지적 지식이 차지하는 중요성을 강조했다.

인지 심리학자들은 메타 기억 이론을 더욱 정교하게 다듬으며, 사람들이 자신의 기억 수행을 어떻게 예측하고 조절하는지를 분석했다. 학습자가 사고를 계획하고 점검하며 평가할 수 있을 때 학업 성취도가 눈에 띄게 향상한다는 점이 여러 연구를 통해 입증되었다.

2000년대 초반부터는 메타 인지 전략 연구가 국제적으로 확산되었다. 학교 현장에서는 다양한 과목에 메타 인지 전략을 접목한 프로그램이 속속 도입되었다. 동시에 인지 신경 과학은 메타 인지 연구에 생물학적 기반을 제공했다. 뇌 영상 연구는 자신감 판단이나 오류 감지 같은 메타 인지 기능이 전두엽의 특정 부위에서 처리된다는 것을 보여 주었다.

교육 기술 분야에서도 메타 인지가 활용되기 시작했다. 지능형 튜터 시스템은 학습자의 사고를 유도하거나 반성적 질문을 제시해 학습 효과를 높였다. 일부 시스템은 '내면의 교사' 역할을 하며 사고 발화를 유도했는데, 이는 훗날 AI 기반 학습 지원 시스템의 전신이 되었다.

2010년대에는 메타 인지가 '21세기 핵심 역량'으로 공식화되었다. OECD와 유네스코는 미래 교육의 핵심 역량으로 배우는 방법을 배우기, 자기 조절, 반성적 사고를 제시했다. 각국 교육 과정에서는 반성 일지, 자기 평가, 명시적 전략 지도가 일상적으로 활용되었다.

연구자들은 사회적 메타 인지나 디지털 정보의 신뢰성을 평가하는 능력 같은 새로운 주제를 탐색했다. AI와의 접점도 강화되어, 문제 해결 과정을 점검하도록 설계된 교육용 게임이나 지능형 튜터 시스템이 등장했다.

2020년대에는 이런 흐름이 더욱 가속화되었다. 코로나19 팬데믹 이후 온라인 학습이 확산되면서, 교사의 직접적인 개입 없이도 스스로 학습을 조절하는 메타 인지 능력이 절실해졌다. 동시에 GPT 같은 생성형 AI가 정보 검색을 즉각 가능하게 만들면서, 학습자들은 단순 암기보다 고차적 사고와 자기 점검 능력을 더욱 필요로 하게 되었다.

최근에는 AI가 제시한 답을 학습자가 검토하고 의심하는 사고 과정을 가르치는 데 중점을 둔다. 일부 AI 학습 플랫폼은 문제 해결 과정을 되돌아보게 하거나, AI의 답을 검토하도록 유도하는 메타 인지적 질문을 포함한다. 2020년대 중반부터는 여러 국가의 교육 기준이 자기 조절과 반성적 사고를 학습 목표로 채택하며, 메타 인지 역량은 필수적 학습 요소로 완전히 자리 잡았다.

교육 심리학과 인지 과학에서 메타 인지의 역할

교육 심리학에서 메타 인지는 효과적인 학습의 핵심 동력으로 여겨진다. 자기 조절 학습의 주요 이론들은 메타 인지 지식과 조절을 동기 및 행동과 함께 학습 순환의 핵심 요소로 본다. 학생은 단순히 내용을 배우는 것뿐 아니라, 그것을 어떻게 사고하고 조절할지를 함께 익혀야 한다(Pintrich, 2002).

이런 통찰은 교실 실천에 그대로 반영되었다. 교사들

은 사고 기술을 명시적으로 지도하고 '생각을 말하기'를 시범 보이며, 목표 설정, 체크리스트 작성, 학습 일지나 저널을 통한 반성 기회를 제공한다. 상호 교수법이나 구조화된 문제 해결법 같은 전략들은 모두 이런 이론에 기반을 둔다.

연구에 따르면 이 내용을 이해하고 있는가, 지금 어떤 전략이 효과적인가 같은 질문을 자주 던지는 학생이 높은 학업 성과를 보인다. 이들은 자기 질문이나 반성 활동을 통해 현재 과제에서 성과를 낼 뿐 아니라, 이런 기술을 다른 영역에도 전이시킨다.

교육자들은 메타 인지 평가를 위해 자기 보고형 설문, 관찰 체크리스트 등 다양한 도구를 개발했다. 이를 통해 밝혀진 흥미로운 사실은, 지능이 비슷해도 메타 인지 능력이 뛰어난 학생이 더 높은 성취를 이룬다는 점이다(Ohtani & Hisasaka, 2018). 메타 인지는 학습 동기와 회복 탄력성에도 긍정적 영향을 미친다. 작업 점검 목표를 세운 학생은 학습을 스스로 통제한다고 느끼고, 실패의 원인을 전략의 문제로 보는 경향이 있다.

이처럼 교육 심리학은 메타 인지를 단순한 성취 수단을 넘어, 교육이 길러야 할 핵심 역량으로 본다. 이 관점은 다양한 중재 프로그램과 평가 방식의 개발로 이어졌다. 교사들은 학습에 어려움을 겪는 학생에게 자기 점검 기술을 구체적으로 지도하고, 시험 래퍼나 포트폴리오 같은 반성 활동을 수업에 포함한다.

평가 방식도 단순 정답보다 사고 과정을 드러내는 과제를 중시하는 방향으로 진화하고 있다. 2020년대 이후 많은 교육 과정은 자기 조절과 배우는 방법을 배우는 능력을 핵심 목표로 명시하며, 이는 단순 지식 전달을 넘어서는 교육 철학의 전환을 의미한다.

인지 과학자들은 메타 인지를 일상적 맥락에서 탐구한다. 기억 연구자들은 이 내용을 기억할 수 있을까라는 예측(지식 감각)을 측정하고, 많은 학습자가 자신의 능력을 과신하는 경향이 있다는 점을 밝혀냈다. 의사 결정 연구는 불확실성 인식이 판단에 미치는 영향을 분석하며, 발달 심리학자들은 아동이나 동물에게도 기본적인 자기 점검 능력이 있는지를 실험한다.

신경 과학은 전두엽이 오류 탐지와 불확실성 판단에 관여한다는 것을 밝혀, 메타 인지의 생물학적 기반을 시사한다. 대규모 연구는 메타 인지가 일반 지능(IQ)을 넘어서는 독립적인 성취 예측 변수임을 확인했다(Ohtani & Hisasaka, 2018). 이는 인지 편향, 뇌 기반 연구 등과 함께, 메타 인지가 인간 사고와 적응의 핵심임을 보여 준다.

이렇듯 교육 심리학과 인지 과학은 서로 다른 접근법으로 메타 인지를 탐구하지만, 모두 그것이 효과적인 사고의 핵심이라는 점에 동의한다. 교육 연구는 메타 인지를 가르치고 평가해 학습을 개선하려 하고, 인지 과학은 인간이 사고를 어떻게 점검하고 조절하는지를 설명하려 한다. 두 분야 모두 메타 인지 능력이 비판적이고 유연한 학습자, 자율적이고 동기 부여된 사고를 가능하게 한다는 데 공감한다.

AI 전후의 교육 철학

AI가 등장하기 전까지 교육 철학은 기계가 대체할 수 없는 지식과 실용 기술 습득에 초점을 맞췄다. 교실은 교사 중심이었고, 교육 과정은 축적된 사실과 절차를 전달하는 데 집중했다. 교육의 성공은 정보를 얼마나 정확히 재현하고, 배운 방식대로 문제를 푸는가로 평가됐다.

반성적 사고나 자기 질문은 부차적인 영역에 머물렀다. 물론 존 듀이(John Dewey) 같은 진보주의 교육 사상가는 '사고하는 법'을 가르쳐야 한다고 주장했지만, 실제 학교 현장은 교과 내용을 빠짐없이 전달하는 데 주력했다. 20세기 대부분 동안 '이상적인 학생'은 교사가 가르친 정답을 신속하고 정확하게 떠올리는 사람이었다. 산업화 시대의 학교는 암기를 핵심으로 여기며, 독립적 사고보다는 노트 필기와 반복 암송을 중시했다.

그러나 20세기 후반에 들어서면서 이런 관점은 점차 바뀌었다. 급변하는 사회와 기술 환경에서 단순 암기력만으로는 부족하다는 인식이 확산되었다. '21세기 핵심 역량' 개념이 등장하며, 비판적 사고, 창의성, '배우는 법을 배우는 능력'이 명시적 교육 목표로 자리 잡았다.

교실은 학습자 중심으로 전환되었고, 프로젝트 학습, 협력적 문제 해결, 반성 활동도 일반화되었다. 교사들은 학생에게 학습 목표를 스스로 설정하게 하고, 결과를 예측한 뒤 어떤 전략이 유용했는지를 분석하도록 지도했다. 학습법 수업에서는 시간 계획, 체크리스트 작성, 자기 점검법을 가르쳤고, 교육 기준에서도 자기 평가와 계획 수립 능력을 역량으로 명시했다. 이는 '독립적 학습자'를 양성하겠다는 철학적 전환을 보여 준다.

2020년대 AI의 등장은 이런 흐름을 가속화하고 새로운 방식으로 재정의하고 있다. 대형 언어 모델과 AI 기술이 즉각적인 정답을 제공하면서, 교육자들은 인간 고유의 능력에 더욱 주목하기 시작했다. 교육 과정은 암기식 교육을 넘어, 고차 사고력과 메타 인지 역량 강화를 지향하고 있다.

학생들은 정보를 비판적으로 평가하고, 깊이 있는 질문을 던지며, 자신의 사고 과정을 점검하는 훈련을 받는다. 예를 들어 어떤 과제는 AI가 생성한 해결책을 비판적으로 분석하거나, AI 제안에 대한 자신의 사고 과정을 설명하게 한다. "AI가 반복 작업을 대신 하게 되면서 학생들은 비판적 사고, AI 리터러시, AI 산출물 평가에 집중해야 한다"는 지적처럼, 교육은 정보를 '배우는 것'보다 '어떻게 다루고 사고할 것인가'에 중심을 둔다(Anders, 2024).

이런 변화는 오래된 교육 이념과도 일치하지만, 지금은 훨씬 더 시급한 과제가 되었다. 현대 교육 과정은 자기 조절 능력과 반성적 사고를 핵심 역량으로 명시하고, 실제 교실에서도 다양한 실험이 이뤄지고 있다. 어떤 과제에서는 학생이 기술을 어떻게 활용했으며, 그 경험을 통해 무엇을 배웠는지 서술하게 한다.

교사 양성 과정도 이에 맞춰 조정되고 있다. 기술 중심 환경에서도 학생의 사고를 유도할 수 있도록, '생각을 말하는 시범'이나 전략적 질문법이 교사 훈련의 표준 항목으로 포함된다. 평가 방식 역시 단답형 시험 대신, 계획력과 사고력을 평가하는 수행 중심 과제와 포트폴리

오의 비중이 커지고 있다. 최근에는 교사 연수나 직장 내 교육에서도 메타 인지가 핵심 키워드로 부상하고 있다.

이런 교육 철학의 전환은 단순한 유행이 아니라, 사고에 대한 철학적 관점의 변화다. AI 이전 교육이 '정답을 아는 사람'을 이상으로 삼았다면, AI 이후 교육은 '배움을 조정하고 평가할 수 있는 사람'을 길러야 한다. 메타 인지는 이 변화의 중심에 있다.

오늘날 교실에서 흔히 볼 수 있는 반성 질문("어떤 단계가 가장 어려웠고, 그 이유는")은 일상 수업 속에 메타 인지적 사고를 통합하려는 의지를 보여 준다. 이 시대의 교사는 더 이상 정보 제공자가 아니라, 사고와 전략을 안내하는 학습 코치로 진화하고 있다.

이제 교육의 중심은 다시금 내면으로 향하고 있다. AI가 정답과 절차를 대신하는 시대, 인간이 집중해야 할 유일한 영역은 자신의 사고를 스스로 이끄는 능력이다.

참고문헌

Anders, B. A.(2024). Student Skills Need to Evolve to Match Our New AI Society. *Patterns, 5*(10), 101062.

Brown, A. L.(1978). Knowing When, Where, and How to Remember: A Problem of Metacognition. In Glaser, R.(ed.). *Advances in Instructional Psychology, Vol. 1*, pp.77~165.

Lawrence Erlbaum Associates.

Flavell, J. H.(1979). Metacognition and Cognitive Monitoring: A New Area of Cognitive-Developmental Inquiry. *American Psychologist, 34*(10), pp.906~911.

Ohtani, K. & Hisasaka, T.(2018). Beyond Intelligence: A Meta-Analytic Review of the Relationship among Metacognition, Intelligence, and Academic Performance. *Metacognition and Learning, 13*(2), pp.179~212.

Pintrich, P. R.(2002). The Role of Metacognitive Knowledge in Learning, Teaching, and Assessing. *Theory into Practice, 41*(4), pp.219~225.

Zimmerman, B. J.(2002). Becoming a Self-Regulated Learner: An Overview. *Theory into Practice, 41*(2), pp.64~70.

03
AI를 통한 자기 점검 학습

AI는 학습자의 사고를 외부화하고 오류를 드러내는 디지털 반성 거울로 작용한다. 단순히 정답을 대신 제공하기보다 학습자의 자기 점검과 성찰적 사고를 유도하는 것이 핵심이다. 학습자가 AI와 대화하며 자신의 사고 과정을 검토하고 조정할 때 메타 인지 효과가 극대화되며, 진정한 학습 파트너십이 형성된다.

AI와 난임 극복?

오류 탐지 이론

"내가 이걸 정말 알고 있을까?" 학습자들이 이 단순한 질문에 제대로 답하지 못하는 이유는 무엇일까? 오류 인식은 단순히 틀렸음을 아는 것이 아니다. 자신의 사고 과정을 객관적으로 들여다보는 고도의 메타 인지 능력과 해당 분야의 충분한 배경지식이 모두 필요하다.

심리학자들은 이를 메타 인지 캘리브레이션이라고 부른다. 자신의 수행을 얼마나 정확히 판단할 수 있는지를 뜻하는 이 능력은 오류 탐지의 핵심이다(Behrendt et al., 2024). 쉽게 말해, 자신이 제대로 이해하고 있는지를 알아야 비로소 이해하지 못한 것을 발견할 수 있다는 뜻이다.

초보자와 전문가의 차이는 여기서 극명하게 드러난다. 초보 학습자는 지식을 체계적으로 조직하는 내부 스키마가 아직 형성되지 않아, 그럴듯해 보이는 오답도 쉽게 받아들인다. 심리학에서는 이를 미숙하면서 인식하지 못하는 현상이라고 부른다. 평가 능력이 부족한 사람일수록 자신의 이해도를 과대평가하는 경향이 있다는 것이다.

실제 연구 결과는 이를 뒷받침한다. 생물학 모델링 과제를 수행한 대학생들을 대상으로 한 연구에서, 학생들은 자신이 그린 모델의 정확도를 67%로 확신했지만 실제 평가 결과는 65%에 그쳤다. 겨우 2% 차이처럼 보이지만, 이는 학생들이 자신의 이해도를 체계적으로 과신한다는 것을 보여 준다. 더 중요한 건 자신이 이해했다고 믿은 부분조차 실제로는 제대로 파악하지 못했다는 점이다.

반면 전문가들은 오류나 불일치를 거의 즉각적으로 감지한다. 이들의 뇌 속에는 해당 분야의 지식이 촘촘한 그물망처럼 연결되어 있어, 새로운 정보가 기존 틀과 맞지 않으면 즉시 이상 신호가 켜진다. 오류 탐지는 전문성으로 나아가는 필수 단계라는 연구자들의 지적처럼, 자신의 실수를 명확히 인식할 수 있어야 비로소 다음 단계로 나아갈 수 있다(Dauer et al., 2024).

다행스러운 소식은 오류 탐지 능력을 훈련으로 기를 수 있다는 점이다. 교육자들은 학생이 스스로 오류를 찾고 수정하는 활동을 통해 메타 인지 능력을 높이는 다양한 전략을 개발해 왔다.

특히 주목할 만한 접근법은 지능적인 초보자 전략이다. 이는 학생이 먼저 자신의 답을 제시하면, 시스템이 그것을 바탕으로 오류를 진단하고 수정을 유도하는 방식이다. 단순히 정답을 알려 주는 것과는 완전히 다른 접근이다. 연구 결과, 이렇게 실수를 고치며 학습한 학생들이 정답만 제공받은 학생들보다 개념을 훨씬 깊이 이해했다(Mathan & Koedinger, 2005).

실제 교실에서도 이런 원리가 활용된다. 문제를 풀기 전에 결과를 예측하게 하거나, 동료의 답안에서 오류를 찾아보게 하는 활동은 모두 실전적 실수에 노출해 오류 인식력을 높이는 방법이다. 자기 점검용 체크리스트나 평가 기준표(루브릭)를 제공하는 것도 효과적이다. 명시적인 오류 점검 전략을 배운 초등학생들조차 자신의 실수를 더 잘 찾아낸다는 연구 결과는 이 접근법의 가능성을 보여 준다.

자기 점검 파트너로서의 챗GPT

"이 답이 맞나요?" 최근 많은 학생들이 챗GPT에게 던지는 질문이다. 단순한 정답 확인처럼 보이지만, 실은 혁명적인 학습 방식의 시작이다. 챗GPT 같은 생성형 AI는 이제 단순한 지식 전달자를 넘어, 학습자의 사고 과정을 들여다보고 점검하는 디지털 학습 동반자로 진화하고 있다.

전통적인 학습에서 자기 점검은 쉽지 않은 일이었다. 교사의 피드백을 기다리거나, 정답지와 대조하거나, 스터디 그룹에서 토론하는 정도가 전부였다. 하지만 이제 학습자들은 24시간 언제든 자신의 답안을 점검받을 수 있다. 더 중요한 건 챗GPT가 단순히 "맞다/틀렸다"를 알려 주는 것이 아니라, 사고의 과정을 함께 살펴본다는 점이다.

실제로 어떻게 작동하는지 살펴보자. 학생이 수학 문제의 풀이 과정을 입력하면, 챗GPT는 각 단계의 논리적 연결을 검토한다. "2단계에서 3단계로 넘어갈 때 어떤 공식을 사용했나요" 같은 질문을 던지며, 학생 스스로 자신의 추론 과정을 설명하게 만든다. 이는 단순한 오답 수정이 아니라, 사고의 경로를 명확히 하는 메타 인지적 활동이다.

최근 메타 분석 연구는 이런 접근의 효과를 입증한다. 챗GPT를 활용한 학습이 다양한 과목에서 학습 성취도와 동기를 모두 향상했다는 것이다(Deng et al., 2025). 흥미로운 점은 단순히 성적이 오른 것이 아니라, 학생들의 학습 태도 자체가 변했다는 것이다. AI와의 대화를 통해 "왜 이렇게 생각했는지"를 계속 설명하다 보니, 자연스럽게 자신의 사고를 점검하는 습관이 생긴 것이다.

언어 학습 분야의 사례는 특히 인상적이다. 영어 글쓰기 과제에서 챗GPT를 활용한 학생들은 문법 정확도뿐 아니라 문장 구조의 복잡성도 크게 향상되었다(Song and Song, 2023). 비결은 챗GPT가 제공하는 비판하지 않는 피드백이었다. 학생들은 실수를 지적받아도 위축되지 않고, 오히려 더 적극적으로 수정하고 실험했다. 인간 교사 앞에서는 주저했던 질문도 AI에게는 편하게 던질 수 있었다.

하지만 정말 효과적인 활용법은 따로 있다. 교육 전문가들은 단순히 "이게 맞나요"보다는 "이 접근 방식에서 문제가 될 만한 부분이 있다면 설명해 줘"처럼 진단 중심의 질문을 권한다. 이런 질문은 AI가 더 깊이 있는 분석을 제공하도록 유도한다.

더 나아가 인터랙티브 퀴즈 방식도 주목할 만하다. 학생이 특정 주제의 연습 문제를 요청하고, 풀이 후 AI의 해설과 비교하며 학습하는 것이다. "내가 어떤 개념을 놓쳤을까" 같은 후속 질문은 메타 인지적 자각을 한층 강화한다. 이렇게 즉각적인 피드백을 받으며 학습하면, 약점을 빠르게 파악하고 전략을 조정할 수 있다.

가장 효과가 컸던 사례는 교사의 안내 아래 AI를 활용한 경우였다(Wang & Fan, 2025). 단순히 챗GPT를 쓰는 것보다, 효과적인 질문 방법과 AI 답변을 해석하는 방법을 함께 배울 때 학습 효과가 극대화되었다. 이는 AI가

독립적인 학습 도구가 아니라, 교사-학생-AI의 삼각관계 속에서 가장 잘 작동한다는 것을 시사한다.

물론 주의할 점도 있다. 챗GPT는 때때로 그럴듯하지만 잘못된 설명을 할 수 있다. 따라서 AI의 피드백을 받은 후에는 반드시 왜 이렇게 수정했는지를 스스로 정리하는 과정이 필요하다. 이는 단순히 AI의 답을 받아 적는 것이 아니라, 자신의 사고 과정을 재구성하는 메타 인지적 활동이다. 이런 과정을 반복하면, 결국 AI 없이도 스스로 점검하는 능력을 기를 수 있다.

AI와 반성적 학습

"오늘 배운 것 중에서 가장 어려웠던 부분은 무엇이었나요?" 이런 질문을 받으면 많은 학생들이 막연하게 "다 어려웠어요"라고 답한다. 하지만 AI가 구체적으로 "어떤 단계에서 막혔나요? 그때 어떤 생각이 들었나요"라고 후속 질문을 던지면 이야기가 달라진다. 학생들은 자신의 학습 과정을 더 구체적으로 들여다보기 시작한다.

반성적 학습은 단순히 복습하는 것과는 다르다. 자신의 사고 과정을 의식적으로 관찰하고, 판단의 근거를 분석하며, 더 나은 방법을 모색하는 고차원적 활동이다. 전통적으로 이런 성찰은 학습 일지를 쓰거나 교사와의 면담을 통해 이뤄졌다. 하지만 이제 AI가 이 과정에 새로운 가능성을 열고 있다.

최근 개발되고 있는 AI 통합 학습 도구들은 단순한 지식 전달을 넘어 학습자의 성찰을 체계적으로 유도한다. 일부 디지털 저널링 플랫폼은 AI가 생성한 맞춤형 질문을 통해 학생의 사고를 확장한다. 나는 어떤 전략을 사용했고, 왜 그것을 선택했는가라는 질문에 학생이 답하면, AI는 그 답변을 분석해 더 깊은 성찰을 유도하는 후속 질문을 생성한다.

이런 접근의 효과는 연구로도 입증되고 있다. 대형 언어 모델이 잘 설계된 질문과 결합할 때 접근성 높고 유연한 반성 코칭 도구가 될 수 있다는 것이다(Yuan & Hu, 2024). 연구진이 개발한 프로토타입 시스템은 여러 차례의 대화를 통해 점점 더 깊이 있는 질문을 던진다. 처음에는 "무엇을 배웠나요"로 시작하지만, 대화가 진행되면서 "그 개념을 다른 상황에 어떻게 적용할 수 있을까요"처럼 응용과 전이를 묻는 질문으로 발전한다.

교사 교육 분야의 사례는 특히 주목할 만하다. 예비 영어 교사들이 수업 실습 후 AI 코치와 대화하며 성찰하는 프로그램이 있다(L'Enfant, 2024). 교생이 오늘 그룹 활동을 진행했다고 말하면, AI는 즉시 "그 활동의 학습 목표는 무엇이었나요, 목표 달성 여부는 어떻게 판단했나요"라고 묻는다. 이어서 "학생들의 반응이 예상과 달랐던 순간이 있었나요, 그때 어떻게 대처했나요" 같은 구체적인 질문이 이어진다.

흥미로운 발견은 AI의 '중립적 태도' 덕분에 교생들이 더 솔직해진다는 점이다. 인간 멘토 앞에서는 "잘 모르겠어요"라고 말하기 어렵지만, AI에게는 불확실함을 편하게 털어놓는다. 이런 솔직함은 더 깊은 성찰로 이어진다. 자신의 약점을 인정하는 것이 성장의 시작이기 때문이다.

일반적인 챗GPT도 구조화된 방식으로 활용하면 훌륭한 반성 도구가 된다. 한 수학 교사는 학생들에게 문제 풀이 후 다음과 같은 과정을 거치도록 했다. 먼저 배운 내용을 한 문단으로 요약하고, 챗GPT에게 "이 요약에서 빠진 중요한 개념이 있다면 알려 줘"라고 묻는다. AI가 지적한 부분을 보충한 후, "다음에는 어떤 부분을 더 공부해야 할까"라고 다시 묻는다.

이 과정을 거친 학생들의 성찰 글은 단순한 워크시트 작성보다 훨씬 깊이가 있었다. 한 학생은 "AI와 대화하면서 내가 공식은 외웠지만 원리는 이해하지 못했다는 걸 깨달았다"라고 적었다. 이런 자각이 바로 메타 인지적 성장의 증거다.

AI 기반 반성 학습의 가장 큰 장점은 '확장성'이다. 모든 학생이 개인 튜터를 둘 수는 없지만, AI를 통해서는 맞춤형 성찰 지도를 받을 수 있다. 교육자들의 혼합 연구에 따르면, 학습자들은 AI가 틀린 답을 다시 생각하게 하거나 대안을 탐색하게 유도하는 방식에 매우 긍정적으로 반응했다(Dahri et al., 2024).

특히 AI는 개인화된 질문을 던지고, 사고 과정을 요약해 주며, 다음 학습 단계를 제안하는 데 탁월하다. 이는 AI가 단순한 도구가 아니라 '반성적 사고의 동반자'로 기능할 수 있음을 보여 준다. 물론 AI가 인간 교사를 대체할 수는 없다. 하지만 교사와 협력하여 학생의 메타 인지적 성장을 지원하는 강력한 도구가 될 수 있다는 것은 분명하다.

결국 AI를 통한 자기 점검 학습의 핵심은 '주도성'이다. AI는 답을 주는 것이 아니라 질문을 던진다. 학습자는 그 질문에 답하면서 자신의 사고를 들여다보고, 오류를 발견하며, 더 나은 전략을 모색한다. 이 과정에서 AI는 거울이 되고, 대화 상대가 되며, 때로는 도전자가 된다. 하지만 성찰의 주체는 언제나 학습자 자신이다. 그것이 진정한 메타 인지적 성장의 길이다.

참고문헌

Behrendt, M. G. et al.(2024). Relation of Life Sciences Students' Metacognitive Monitoring to Neural Activity during Biology Error Detection. *npj Science of Learning, 9*, 16.

Dahri, N. A. et al.(2024). Extended TAM-Based Acceptance of AI-Powered ChatGPT for Supporting Metacognitive Self-Regulated Learning in Education: A Mixed-Methods Study. *Heliyon, 10*(8), e29317.

Dauer, J. et al.(2024). Individual Variation in Undergraduate Student Metacognitive Monitoring and Error Detection during Biology Model Evaluation. *Frontiers in Education, 9*, 1356626.

Deng, R. et al.(2025). Does ChatGPT Enhance Student Learning? A Systematic Review and Meta-Analysis of Experimental Studies. *Computers & Education, 227*, 105224.

L'Enfant, J.(2024). AI as a Reflective Coach in Graduate ESL Practicum: Activity Theory Insights into Student-Teacher Development. *European Journal of Open, Distance and E-Learning, 26*.

Mathan, S. & Koedinger, K. R.(2005). Fostering the Intelligent Novice: Learning from Errors with Metacognitive Tutoring. *Educational Psychologist, 40*(4), pp.257~265.

Song, C. & Song, Y.(2023). Enhancing Academic Writing Skills and Motivation: Assessing the Efficacy of ChatGPT in AI-Assisted Language Learning for EFL Students. *Frontiers in Psychology, 14*, 1260843.

Wang, J. & Fan, W.(2025). The Effect of ChatGPT on Students' Learning Performance, Learning Perception, and

Higher-Order Thinking: Insights from a Meta-Analysis. *Humanities and Social Sciences Communications, 12*, 621.

Yuan, B. & Hu, J.(2024). Generative AI as a Tool for Enhancing Reflective Learning in Students. arXiv:2412.02603.

04
AI 시대의 목표 설정과 메타 인지

명확한 목표 설정은 학습자의 집중력과 전략 선택, 피드백 수용을 통합적으로 작동시키는 출발점이다. AI는 개인화된 목표 추적과 경로 재조정 기능을 제공하여 학습 효율을 높인다. 메타 인지 기반 자기 조절 학습이 일관성과 방향성을 갖추도록 조율하며, 학습자가 스스로 성장 경로를 설계할 수 있게 돕는다.

AI와 사주?

스마트 & 그로 모델

효과적인 학습은 명확한 목표 설정에서 시작한다. 수십 년간의 연구 결과가 일관되게 보여 주는 사실이 있다. 구체적이고 도전적인 목표를 세운 사람은 막연한 의도로 학습을 시작한 사람보다 항상 더 나은 성과를 거둔다 (Locke & Latham, 2002). 학생들에게도 마찬가지다. 목표가 뚜렷할수록 방향 없는 공부는 전략적인 학습으로 바뀐다.

이때 유용한 도구가 스마트(SMART) 목표 기준이다. 목표는 구체적(Specific), 측정 가능(Measurable), 달성 가능(Achievable), 관련성 있음(Relevant), 기한 설정 (Time-bound)이라는 다섯 가지 요소를 충족해야 한다. 각 요소는 목표 설정 시 흔히 빠지기 쉬운 함정을 피하도록 돕는다.

예를 들어 "수학을 잘하고 싶다"라는 막연한 목표는 스마트 기준을 적용하면 "이번 학기 말까지 대수 시험 점수를 70점에서 85점으로 올리기 위해 매주 추가 문제집 세 세트를 풀겠다"로 바뀐다. 이 목표는 대수학이라는 구체적인 영역을 명시하고, 점수 상승이라는 측정 가능한 기준을 포함하며, 일정한 노력으로 충분히 도달할 수 있는 수준이고, 본인의 학업 성취와 밀접하게 관련되어 있으며, 학기 말이라는 마감 기한도 설정되어 있다.

스마트 목표 구조는 학습 성과 향상에 실질적인 영향을 미친다. 한 실험 연구에서 스마트 목표 설정 훈련을 받은 대학생들은 그렇지 않은 학생들보다 목표 달성률이 높았고, 학습 진행에 대한 만족도도 높게 나타났다(Bahrami et al., 2022). 스마트 구조는 학습자에게 중간 점검이 가능한 이정표를 제공해 지속적인 동기를 유지하게 해 준다. 주간 퀴즈 점수나 완료한 연습 문제 수를 기록하면서 진전을 눈으로 확인할 수 있다. 이 피드백 루프는 학습자가 흐름에서 벗어났을 때 전략을 조정하는 데도 큰 도움이 된다. 목표를 스마트 방식으로 구조화하는 것은 학습자 스스로에게 책임을 부여하는 효과적인 방법이다.

그로(GROW) 코칭 모델도 학습 계획을 세우는 데 매우 유용하다. 그로는 목표(Goal), 현실(Reality), 장애물 혹은 대안(Obstacles 또는 Options), 그리고 실행 계획(Way Forward)의 네 단계를 뜻한다. 이 모델은 교사나 멘토가 학습자와 함께 목표를 구체화하고, 현재 상태를 점검하며, 장애 요인을 파악하고, 실행 방안을 설계하는 구조다.

예를 들어 학생이 에세이 점수를 향상하고자 할 때, 그로 모델을 적용하면 먼저 목표를 명확히 한다. "에세이 점수를 85점까지 올리고 싶다"는 목표가 설정되면, 현재 상황을 파악한다. "지금 75점 정도를 받고 있으며 글의 조직력이 부족하다는 피드백을 받았다"는 현실 인식이 이뤄진다. 다음으로 장애 요인을 분석한다. "글 구조를 잡는 것이 어렵고 어디서부터 시작해야 할지 모르겠다"는 문제가 드러난다. 마지막으로 구체적인 실천 방안을 수립한다. "이번 주는 매일 저녁 1시간씩 에세이 초안의 개요를 작성하고, 동료에게 피드백을 받는다"는 계획이 나온다.

그로 모델은 목표 설정 과정을 반성적 사고의 단계로 분해해 학습자가 스스로 문제를 분석하고 행동 계획을 수립하도록 유도한다. 이러한 반성적 대화 흐름은 학습자가 목표를 단순히 설정하는 데서 끝나지 않고, 이를 어떻게 달성할지 스스로 깊이 사고하고 계획하도록 돕는다. 그로 모델은 자기 주도적 학습과 자기 조절 학습의 핵심 메타 인지 단계를 실제화하는 훌륭한 틀이다.

AI 맞춤형 학습 계획

전통적인 목표 설정은 학습자에게 많은 시간과 노력을 요구한다. 목표를 정하고 실행하는 과정에서 반복적인 피드백과 조율이 필요하기 때문이다. 생성형 AI는 이 과정을 획기적으로 간소화하고 개인화한다.

수학을 공부하는 두 학생의 사례를 생각해 보자. 한 학생은 이미 기초가 탄탄해서 고급 미적분을 마스터하려 하고, 다른 학생은 아직 기본 대수 개념도 어렵게 느낀다. AI 튜터는 첫 번째 학생에게는 "다변수 미적분 과정을 평균 90점 이상으로 이수하기"라는 도전적인 목표와 함께 고난도 문제 세트를 제안할 수 있다. 반면 두 번째 학생에게는 "앞으로 한 달간 핵심 대수 개념을 매일 훈련 과제를 통해 익히기"와 같은 기초 목표를 제시할 수 있다. AI는 각자의 수준과 관심에 맞춘 목표를 자동으로 추천할 수 있으며, 이는 교육에서 AI가 제공하는 강력한 이점 중 하나다.

AI 기반 목표 설정의 또 다른 장점은 지속적인 피드백과 유연한 조정 기능이다. 목표를 한번 세우는 것은 쉬운 일이다. 진짜 어려운 것은 실행을 지속하고, 예상치 못한 장애물에 대응하는 일이다. 생성형 AI는 이러한 과정을 도와주는 개인 코치 역할을 수행한다. AI 스터디 파트너가 매주 "지난주에는 3장을 끝내겠다고 했는데, 다 했나요? 못 했다면 어떤 점이 방해가 되었나요"라고 질문할 수 있다. 이런 시의적절하고 구조화된 피드백은 학습자에게 자신의 진도와 어려움을 되돌아보게 한다.

최근 스코핑 리뷰에 따르면 생성형 AI는 "구조화된 실시간 피드백을 통해 안내된 탐색 학습을 지원함으로써 자기 주도적 학습을 강화할 수 있다"(Roe & Perkins, 2024). 실제로 AI는 학습자가 반복적으로 퀴즈에서 목표 점수에 미달할 때 이를 감지해 학습 계획을 조정하거나 새로운 학습 팁을 제공한다. 이러한 동적 피드백 루프는 언제든 계획을 재조정할 수 있는 상시 대기 튜터와 같다. 연구 결과, 이런 형식의 형성 평가 피드백은 목표 달성률을 유의미하게 높이는 것으로 나타났다.

그러나 AI의 맞춤형 지원이 학습자의 능동성을 약화하지 않도록 주의해야 한다. 자기 결정성 이론은 자율성과 유능감이 학습 동기를 강화한다고 설명한다. 이러한 이론을 바탕으로 개발된 챗GPT 기반 학습 도구는 학생에게 선택권을 제공하고 노력에 대해 긍정적 피드백을 주며 필요할 때만 도움을 주는 파트너로 작동했다. 이 AI 학습 도구를 사용한 학생들은 학습 참여도가 높았고, 계획을 지속적으로 따를 확률도 높았다(Chiu, 2024).

AI가 설정한 학습 계획이 진정한 효과를 발휘하려면 학습자가 주도권을 쥐고 있어야 한다. AI는 목표와 전략을 제시하되, 최종 결정은 학습자가 내리고 조율할 수 있어야 한다. 학습자가 중심에 있고 AI는 조력자일 때 비로소 진정한 맞춤형 학습이 가능해진다.

학습 설계를 위한 프롬프트 예시

AI와 상호 작용에서 핵심은 질문의 구성 방식이다. 교육 현장에서 프롬프트 설계는 학습자가 필요한 정보를 정확히 얻도록 AI가 구조화된 응답을 제공하게 만드는 기술이다. 실제 사례를 통해 효과적인 프롬프트 구성과 AI 반응이 학습 설계에 기여하는 방식을 살펴보자.

고등학생 프리야는 생물학 시험을 준비하며 어떤 챕터를 공부할지는 알지만 주간 계획 구성에 어려움을 겪는다. 그녀는 시험 일정과 학습 목표를 AI에 설명하고 계획을 요청한다. AI는 복습할 챕터, 학습 활동, 연습 문제 수 등을 포함한 주간 계획과 보충 자료를 제공한다. 프리야가 자가 테스트 문제도 포함해 달라고 요청하면, AI는 각 주차에 간단한 테스트 아이디어를 추가해 응답한다. AI와의 이런 협업은 학습자의 몰입과 실행력을 높인다. "학생들이 구조화된 질문을 하도록 훈련하는 것이 자기 조절 학습에 중요하다"는 연구 결과가 이를 뒷받침한다 (Chang et al., 2023).

성인 학습자 아이샤는 프랑스어 B1 수준 달성을 목표

로 한다. 학습 지속성과 동기 유지가 어려워, AI에 장기 계획과 함께 매주 동기 부여 메시지 및 퀴즈를 요청한다. AI는 월별, 주별 학습 목표와 함께 매주 월요일에는 격려 메시지를, 금요일에는 복습 퀴즈를 제안한다. 예컨대 첫 주에는 현재 시제를 활용해 일상 루틴을 표현하라는 메시지와 현재 시제 복습 퀴즈가 제공된다. AI는 정보 제공자를 넘어 정서적 지지를 제공하는 학습 코치로 기능한다. 명확한 요청 덕분에 AI는 리마인더 기능까지 설계할 수 있었다.

AI는 실시간 점검 기능도 수행한다. AI 기반 리딩 플랫폼은 학생이 문단을 읽은 후 이해도 확인 질문을 던지고, 오답일 때 내용을 강조하거나 힌트를 준다. 이 적응형 프롬프트는 학습자가 놓치기 쉬운 개념을 조기에 파악하고 학습 흐름을 능동적으로 조정하게 돕는다(Chardonnens, 2025).

이러한 사례들은 스마트나 그로 같은 목표 설계 원칙과 결합할 때 AI 학습 설계가 얼마나 유연하고 정교하게 작동하는지를 보여 준다. 궁극적으로 AI가 교육적으로 유의미한 역할을 하려면 프롬프트를 얼마나 전략적으로 설계하느냐에 달려 있다. 학생에게 효과적인 질문법을 훈련하는 것은 자기 주도 학습의 핵심 전략이자, 교사와 학습자가 함께 준비해야 할 디지털 문해력이다. AI와의 공동 설계가 학습자의 몰입과 실행력에 긍정적인 영향을 미친다는 연구 결과는 이러한 접근의 중요성을 강조한다(Martins van Jaarsveld et al., 2024).

참고문헌

Bahrami, Z. et al.(2022). Applying SMART Goal Intervention Leads to Greater Goal Attainment, Need Satisfaction and Positive Affect. *International Journal of Mental Health Promotion, 24*(4), pp.869~882.

Chang, D. H. et al.(2023). Educational Design Principles of Using AI Chatbot that Supports Self-Regulated Learning in Education: Goal Setting, Feedback, and Personalization. *Sustainability, 15*(17), 12921.

Chardonnens, S.(2025). Adapting Educational Practices for Generation Z: Integrating Metacognitive Strategies and Artificial Intelligence. *Frontiers in Education, 10*, 1504726.

Chiu, T. K. F.(2024). A Classification Tool to Foster Self-Regulated Learning with Generative Artificial Intelligence by Applying Self-Determination Theory: A Case of ChatGPT. *Educational Technology Research and Development, 72*, pp.2401~2416.

Locke, E. A. & Latham, G. P.(2002). Building a Practically Useful Theory of Goal Setting and Task Motivation: A 35-Year Odyssey. *American Psychologist, 57*(9), pp.705~717.

Martins van Jaarsveld, G. et al.(2024). Goal Setting in Higher

Education: How, Why, and When Are Students Prompted to Set Goals? A Systematic Review. *Frontiers in Education, 9*, 1511605.

Roe, J. & Perkins, M.(2024). Generative AI in Self-Directed Learning: A Scoping Review. arXiv:2411.07677.

05
전략적 학습법과 AI 기반 스캐폴딩

학습 전략은 개인의 인지 특성과 과제 유형에 따라 달라져야 하며, 획일적 접근으로는 한계가 있다. AI는 전략 추천과 실시간 피드백 제공, 반복 학습 루프를 통해 개인화된 학습 흐름을 설계한다. 학습자는 AI와의 상호 작용을 통해 자신에게 최적화된 전략을 실험하고 내재화하여 효과적인 학습자로 성장할 수 있다.

AI와 아이돌?

능동적 학습을 위한 핵심 전략

"왜 어떤 학생은 같은 시간을 공부해도 더 많이 기억할까?" 이 질문에 대한 답은 학습 전략의 차이에 있다. 연구자들은 수십 년간 학습자가 능동적으로 참여하도록 유도하는 다양한 전략을 밝혀 왔다.

가장 널리 알려진 전략 중 하나가 기억술이다. 단순한 연상 구조를 만들어 기억을 돕는 이 방법은 특히 회상력을 높이는 데 효과적이다. 대표적인 예로 장소법이 있다. 익숙한 경로에 정보를 배치해 암기하는 이 기법은 시각적, 공간적 이미지를 활용한다. 단어 목록이나 연도처럼 단기적으로 외워야 하는 구체적인 항목을 암기할 때 특히 유용하다. 하지만 복잡한 개념 이해에는 한계가 있어, 심층적 사고를 유도하는 다른 전략과 함께 쓸 때 진가를 발휘한다.

SQ3R은 체계적인 독서 전략이다. 개관(Survey), 질문(Question), 정독(Read), 암송(Recite), 복습(Review)의 다섯 단계로 구성되어 있다. 먼저 전체 내용을 훑어 구조를 파악하고, 주제를 바탕으로 질문을 만든 뒤, 정독하면서 답을 찾는다. 그다음 주요 내용을 자신의 말로 암송하고, 마지막으로 전체를 복습해 학습 내용을 강화한다. 각 단계는 서로 다른 인지 활동을 촉진한다. 개관은 학습 지도를 만들고, 질문은 호기심을 자극하며, 암송은 기억 회상을 활성화하고, 복습은 반복 학습 효과를 높인다. 모든 단계를 성실히 수행할 때 몰입도가 높아지지만, 단계를 생략하거나 단순히 텍스트만 읽으면 효과가 급격히 떨어진다.

정교화 질문은 학습자가 스스로 "왜 이 사실이 옳은가"를 묻는 전략이다. 예를 들어 "나일강은 고대 이집트 문명에 필수적이었다"라는 문장을 읽고 "왜 나일강이 중요했을까"라고 자문하는 것이다. 이 방식은 새로운 사실과 기존 지식을 연결하고 인과적 사고를 유도해 기억을 강화한다. 사실 중심의 내용을 학습할 때 특히 효과가 크고, 배경지식이 있는 학습자에게 가장 잘 작동한다. 반면 사전 지식이 부족하면 정확한 설명을 만들어 내기 어려울 수 있다.

이 중에서도 가장 강력하고 지속적으로 검증된 전략은 자가 테스트, 즉 인출 연습이다. 같은 내용을 반복해서 읽는 대신 플래시 카드, 연습 문제, 질문 등을 활용해 스스로 내용을 떠올리는 방식이다. 이런 인출 과정은 기억 흔적을 강화하고 장기적 유지력을 높인다. 이른바 '인출 효과'는 다양한 실험에서 반복적으로 입증되었으며, 단순한 재노출보다 훨씬 강력한 학습 효과를 제공한다

(Roediger & Karpicke, 2006).

자가 테스트는 단순 암기를 넘어 피드백 수단으로도 작용한다. 학습자는 자신이 무엇을 알고 무엇을 모르는지 파악하고, 그에 따라 학습 전략을 조정할 수 있다. 학습 전략에 관한 종합 연구에서 자가 테스트와 간격을 둔 반복 학습이 장기적 학업 성취에 가장 효과적이라는 결론이 나왔다(Dunlosky et al., 2013). 반면 단순 재독이나 형광펜 밑줄 긋기 같은 수동적 전략은 상대적으로 효과가 낮았다.

네 가지 전략의 공통점은 '능동적 참여'가 효과적인 학습을 만든다는 원칙이다. 기억술은 개별 정보를 효과적으로 인코딩하고, SQ3R은 독서 과정을 구조화하며, 정교화 질문은 의미 연결을 유도하고, 자가 테스트는 기억 회상을 강화한다. 이 모든 전략은 인지적 노력을 요구하며, 심리학자들이 '바람직한 어려움'이라 부르는 조건을 충족한다. 도전적인 학습이 장기 기억을 강화한다는 것이다.

효과적인 학습 전략의 핵심은 편리함이 아니라 인지적 활성화에 있다. 연구에 따르면 학습 내용을 조직하고 인출하거나 설명하는 과정에서 뇌를 적극적으로 활용할수록 학습 효과는 커진다. 결국 진정한 학습은 땀과 노력을 통해서만 얻을 수 있다.

학습 상황에 맞는 전략 선택

효과적인 학습 전략을 아는 것과 상황에 맞게 활용하는 것은 전혀 다른 문제다. 진정한 전략 선택은 "어떤 전략이 지금 이 상황에 가장 적합한가"를 판단하는 메타 인지적 역량에서 비롯된다. 숙련된 학습자는 과제의 특성, 자신의 능력, 환경적 맥락을 고려해 전략을 조율한다. 만능 전략에 의존하기보다 "내 목표는 무엇인가", "이 과제가 요구하는 사고는 무엇인가", "나는 어떤 방식이 효과적인가" 같은 질문을 던진다.

첫째, 전략은 과제 유형에 따라 달라져야 한다. 용어나 사실 목록을 암기할 때는 기억술이나 플래시 카드를 활용한 인출 연습이 효과적이다. 교과서처럼 복잡한 내용을 이해할 때는 SQ3R이나 요약 같은 구조화된 독서 전략이 적절하다. 복잡한 문제 해결이 요구되는 과제에는 기계적 암기보다 예제 학습이나 단계별 자기 설명이 더 적합하다. 한 전략이 모든 과제에 효과적일 수는 없다. 어떤 전략은 특정 과제에 유용하지만 다른 때는 오히려 방해가 될 수 있다. 학습자는 과제의 성격을 파악하고, 그에 맞는 사고를 유도하는 전략을 선택해야 한다

(Sweller, 1988).

둘째, 학습자의 특성도 전략 선택에 큰 영향을 미친다. 메타 인지적 지식은 "나는 어떤 학습자인가"를 아는 것으로, 강점과 약점, 사전 지식수준 등을 포함한다(Flavell, 1979). 배경지식이 충분한 학습자는 정교화 질문을 통해 더 깊은 이해를 추구할 수 있지만, 초보자는 가이드가 명확한 전략에 의존할 필요가 있다. 시각적 정보에 강한 학습자는 개념 지도를 활용하고, 사회적 학습을 선호하는 학생은 친구에게 설명하는 방식이 효과적일 수 있다. 자기 조절 학습자는 다양한 전략을 유연하게 사용하며, 필요에 따라 능동적으로 선택할 수 있는 레퍼토리를 갖춘 사람이다(Pintrich, 2002).

셋째, 전략 선택에서는 인지 부하도 고려해야 한다. 인지 부하 이론은 작업 기억의 한계를 강조하며, 전략이 지나치게 복잡하거나 단계가 많을 때 학습에 방해가 될 수 있음을 경고한다. 정교한 메모 전략은 유익해 보이지만, 과도한 처리 부담으로 학습 내용을 온전히 이해하지 못할 수 있다. 중요한 것은 전략 수행보다 학습 내용에 집중할 수 있는 여유를 확보하는 것이다. 자가 테스트처럼 힘들지만 학습 효과가 확실한 전략은 가치가 높다. 반면 복잡한 절차만 요구하고 효과는 낮은 전략은 오히려

해가 될 수 있다. 학습자는 전략 수행 중 인지적 부담이 과도하지 않은지 점검하고, 필요시 전략을 단순화해야 한다. 실제로 난이도가 높은 과제일수록 안내 중심 전략에서 시작해 점차 개방형 전략으로 확장하는 것이 효과적이다(Sweller, 1988).

마지막으로 학습 환경과 목표도 전략 선택에 영향을 준다. 시험 직전의 시간 압박 상황에서는 밑줄 긋기나 반복 학습처럼 즉각적인 효과가 있는 전략을 선호할 수 있다. 하지만 장기적 정착을 목표로 한다면 간격 복습이 더 효과적이다. 일부 전략은 환경적 제약도 고려해야 한다. 토론 기반 전략은 그룹이 필요하지만, 요약이나 플래시카드는 혼자서도 가능하다. 가장 중요한 것은 전략과 목표의 일치다. 심층 이해가 목표일 때는 개념 지도나 타인에게 설명하는 전략이 적합하고, 절차적 숙련이 목표라면 반복 퀴즈가 더 효과적이다. 숙련된 학습자는 전략, 목표, 맥락을 일치시키며, 이 능력 자체가 자기 조절 학습의 핵심이다(Pintrich, 2002).

AI 기반 학습 전략 추천

최근 등장한 AI 기반 교육 도구들은 개인 맞춤형 전략 코치 역할을 수행하고 있다. 지능형 튜터부터 대화형 챗봇까지 다양한 AI 시스템이 학습자의 필요를 분석하고 그에 맞는 전략을 추천한다. 한 학생이 생물학 챕터에서 자꾸 세부 내용을 잊어버린다고 AI 튜터에게 도움을 요청하면, AI는 플래시 카드를 이용한 인출 연습이나 기억술을 제안할 수 있다. AI는 학습 과학에 기반한 전략을 보유하고 있으며, 학습자의 상황에 맞게 조합해 조언한다.

이러한 시스템의 교육적 효과를 입증하는 연구도 늘고 있다. 최근 메타 분석에 따르면 챗GPT를 활용한 학습은 학업 성취도 향상에 강한 긍정 효과가 있었고, 고차 사고력에도 중간 수준의 효과가 나타났다(Wang & Fan, 2025). 단순히 AI의 답을 받아들이는 것이 아니라, 잘 설계된 프롬프트를 주고받으며 상호 작용을 할수록 몰입도가 높아지고 더 깊은 사고로 이어진다.

챗봇 외에도 정교하게 설계된 AI 튜터나 추천 알고리즘이 속속 등장하고 있다. 스위스의 한 대학에서는 GPT 기반 AI 튜터 앱을 도입해 학생의 성과에 따라 퀴즈를 개인화하고 간격을 조절해 제공했다. 이 시스템을 사용한 학생은 대조군보다 기말고사에서 평균 15퍼센트 높은 점수를 기록했다. 인출 연습 기반 맞춤형 학습이 성과에 실질적 영향을 미친다는 것을 보여 주는 사례다(Baillifard et al., 2024).

앤트로픽(Anthropic)의 클로드(Claude) 챗봇은 학습 모드에서 "이 문제에 어떻게 접근하겠어요", "당신의 추론을 설명해줄 수 있나요"와 같은 소크라테스식 질문을 던진다. 이는 정교화 질문을 촉진하며, 학습자가 자신의 사고를 체계화하도록 돕는다. 오픈AI(OpenAI)의 챗GPT 역시 적절한 프롬프트를 통해 학습자의 자기 설명이나 목표 설정을 자극할 수 있다.

일부 고도화된 시스템은 학습자의 행동 데이터를 분석해 더 정밀한 전략을 추천한다. 학습 관리 시스템(LMS)과 연동된 AI 플랫폼은 반복 오답이나 특정 자료의 반복 열람을 추적해 기억술 사용이나 퀴즈 도전 등을 제안할 수 있다. 이는 간격 학습이나 인출 기반 학습 같은 인지 심리학 원리에 기반하면서도, 개인 패턴에 맞게 조정된다. 일부 플랫폼은 학습 습관을 시각화한 메타 인지 대시 보드와 함께 전략 조언을 제공하기도 한다. 숙련된 인간 튜터가 전략을 조정하는 방식을 자동화해 대규모로 수행하는 시도라 할 수 있다.

이런 개인 맞춤형 프롬프트에 대한 학생들의 반응도 긍정적이다. 메타튜터(MetaTutor) 같은 시스템은 학생에게 간헐적으로 요약이나 목표 확인을 요청한다. 이런 메타 인지적 개입은 실제로 학습 성과를 향상한다는 연구 결과도 있다. 유네스코는 이런 개인화된 메타 인지 지원을 AI 교육의 주요 가치로 평가하며, 데이터 기반 피드백이 광범위하게 제공될 수 있다는 점에서 교육 혁신 가능성을 높게 본다(UNESCO, 2025).

AI 기반 학습 전략 추천의 진정한 가치는 개인화와 즉시성에 있다. 모든 학습자가 자신만의 전략 코치를 갖게 되는 셈이다. 물론 AI가 제안하는 전략이 항상 완벽한 것은 아니다. 하지만 학습자가 다양한 전략을 시도하고, 자신에게 맞는 방법을 찾아가는 과정 자체가 메타 인지적 성장이다. AI는 이 과정을 가속화하고 풍부하게 만드는 도구가 될 수 있다.

참고문헌

Baillifard, A. et al.(2024). Effective Learning With a Personal AI Tutor: A Case Study. *Education and Information Technologies*, pp.1~17.

Dunlosky, J. et al.(2013). Improving Students' Learning With Effective Learning Techniques: Promising Directions From Cognitive and Educational Psychology. *Psychological Science in the Public Interest, 14*(1), pp.4~58.

Flavell, J. H.(1979). Metacognition and Cognitive Monitoring: A New Area of Cognitive-Developmental Inquiry. *American Psychologist, 34*(10), pp.906~911.

Pintrich, P. R.(2002). The Role of Metacognitive Knowledge in

Learning, Teaching, and Assessing. *Theory into Practice, 41*(4), pp.219~225.

Roediger, H. L. III & Karpicke, J. D.(2006). Test-Enhanced Learning: Taking Memory Tests Improves Long-Term Retention. *Psychological Science, 17*(3), pp.249~255.

Sweller, J.(1988). Cognitive Load During Problem Solving: Effects on Learning. *Cognitive Science, 12*(2), pp.257~285.

UNESCO(2025.1.23). UNESCO Highlights the Role of Artificial Intelligence in Education at Congreso Futuro 2025.

Wang, J. & Fan, W.(2025). The Effect of ChatGPT on Students' Learning Performance, Learning Perception, and Higher-Order Thinking: Insights from a Meta-Analysis. *Humanities and Social Sciences Communications, 12*, 621.

06
실시간 데이터로 학습 조절하기

AI 기반 실시간 피드백은 학습자의 이해도와 몰입도, 감정 상태를 종합적으로 반영하여 학습 조절 가능성을 획기적으로 확장한다. 학습자는 데이터를 바탕으로 자신의 학습 상태를 정확히 진단하고 사고 전략을 즉시 수정할 수 있다. 이를 통해 수동적 학습에서 벗어나 능동적 학습자가 되는 순환 구조를 경험하게 된다.

AI와 야구?

자기 점검과 메타 인지 루프

학습은 끊임없는 조절의 과정이다. 효과적인 학습자는 무작정 공부하지 않는다. 계획을 세우고, 진행 상황을 점검하며, 필요에 따라 방법을 바꾼다. 이 세 단계의 순환이 바로 메타 인지적 조절의 핵심이다.

먼저 계획 단계에서 학습자는 과제를 시작하기 전에 전략을 설정한다. 교과서를 개요 형태로 정리하겠다거나, 수학 문제를 단계별로 풀겠다는 식의 계획을 세운다. 학습을 진행하면서는 자신의 이해도와 목표 달성 여부를 지속적으로 점검한다. 스스로 질문을 던지거나 중간 결과를 확인하는 것이다. 진행이 예상과 다르거나 혼란스러울 때는 전략을 조정한다. 노트를 다시 정리하거나, 셀프 테스트를 실시하거나, 힌트를 찾는 등의 방법을 쓴다.

연구자들은 이 과정을 계획(Planning), 점검(Monitoring), 조절(Regulating)의 세 단계로 정리한다(Chang et al., 2023). 계획은 목표 설정과 방법 선택을, 점검은 셀프 테스트나 오류 확인을, 조절은 전략이나 노력 수준의 수정을 포함한다. 이 루프를 활용하면 학습자는 오개념을 조기에 포착하고 학습을 더 깊이 내면화할 수 있다.

실제 적용 예를 보자. 과학 내용을 학습하는 학생이

먼저 요약을 작성한다. 이후 셀프 테스트로 자신이 놓친 개념을 발견하고, 이를 보완하기 위해 개념 지도를 그린다. 이런 반성적 접근은 단순히 같은 내용을 반복해서 읽는 것보다 훨씬 효과적이다.

계획, 점검, 조정 전략을 꾸준히 사용하는 학습자는 그렇지 않은 이들보다 학습 성과가 뚜렷이 높다. 학업 성취도가 높은 학생일수록 자신의 이해도를 지속적으로 평가하고, 필요한 경우 전략을 즉시 조정하는 경향을 보인다. 자기 학습에 대한 판단력이 높은 사람일수록 더 효과적인 메타 인지 전략을 활용하며, 학습의 깊이도 크다는 연구 결과가 이를 뒷받침한다(Chang et al., 2023).

중요한 점은 이러한 메타 인지 조절력이 타고나는 능력이 아니라는 것이다. 학습을 통해 충분히 익힐 수 있는 기술이다. 교사는 학생이 생각을 소리 내어 표현하게 유도하거나, 문제 해결 과정에서 오류를 점검하고 전략을 바꾸는 방법을 시범 보일 수 있다. 어린 학생도 간단한 계획 세우기와 자기 점검을 배울 수 있다. 교사가 "이 문단을 읽기 전에 어려운 단어가 있을지 생각해 보자. 이해가 안 되는 부분이 나오면 스스로에게 질문해 보자"라고 안내하는 것만으로도 메타 인지적 사고의 씨앗을 심을 수 있다. OECD는 학습 중 적절한 피드백 제공이 학습 효과를 높이는 핵심 요소임을 강조한다(OECD, 2023).

실시간 점검과 성찰을 위한 AI 대시 보드

전통적인 학습에서는 자신의 진도나 이해도를 파악하기 어려웠다. 시험을 보고 나서야 비로소 무엇을 모르는지 알게 되는 경우가 많았다. 하지만 AI 대시 보드는 이런 상황을 완전히 바꿔 놓고 있다.

실시간 AI 대시 보드는 학습자나 교사가 학습 진행 상황을 한눈에 파악할 수 있도록 돕는 인터랙티브 인터페이스다. 퀴즈 점수, 과제 수행 시간, 심지어 생체 신호까지 실시간으로 수집해 그래프, 진행 바, 경고 알림 등으로 시각화한다. 복잡한 데이터를 직관적으로 보여 주는 것이 핵심이다.

한 연구에서 개발된 학습 대시 보드는 퀴즈 정확도 추이를 시각화하고, 오류가 많은 주제를 강조 표시해 학습자가 자신의 상황을 쉽게 점검할 수 있게 했다. 학습자는 이를 통해 진도 부족이나 개념 망각을 즉시 인식하고, 복습하거나 도움을 요청하는 결정을 내릴 수 있었다(Susnjak et al., 2022).

더 발전된 AI 대시 보드는 예측 분석과 적응형 프롬프트 기능까지 갖추고 있다. 기계 학습을 활용해 현재 학습 데이터를 기반으로 성적을 예측하고, 낮은 예측 점수가 나오면 알림을 보내거나 보충 자료를 추천한다. 일부 시스템은 자연어 채팅 기능도 갖춰 "물리 과목 성적이 어떤가요"라는 질문에 맞춤형 조언을 제공한다. 이는 학습자의 계획 수립과 전략 조정을 돕는 메타 인지 어시스턴트로 기능한다.

교사 역시 이런 대시 보드로 큰 도움을 받는다. 전체 수업 참여도를 실시간으로 모니터링하거나 학습에 어려움을 겪는 학생을 조기에 파악할 수 있다. 한 교사가 30명의 학생을 동시에 관찰하기는 불가능하지만, AI 대시 보드는 이를 가능하게 만든다.

이러한 대시 보드는 다양한 데이터 소스를 활용한다. 교육 앱의 퀴즈 결과나 행동 로그는 기본이고, 웹캠과 웨어러블 기기를 통해 시선, 자세, 심박수 등 생체 데이터까지 수집한다. AI는 이를 종합해 학습자의 집중력 저하나 혼란의 징후를 감지하고 즉각 경고를 보낸다. 우에다(Hiroshi Ueda)가 개발한 시스템은 얼굴 표정과 시선을 분석해 집중도 그래프, 감정 분포 차트, 경고 패널 등을 실시간으로 표시한다. 참여도가 임계치 이하로 떨어지면 즉시 경고가 발송된다(Ueda et al., 2023).

하지만 해결해야 할 과제도 있다. 대시 보드에 과도하

게 의존하면 학습자의 사고가 얕아질 수 있다. 시각화가 부정확하면 오히려 혼란을 유발할 수도 있다. 무엇보다 개인 정보 보호가 중요하다. 행동과 감정 데이터를 실시간으로 수집하려면 명확한 동의와 철저한 데이터 보호가 필수다.

교사는 학생이 대시 보드의 피드백을 올바르게 해석하도록 지도해야 한다. AI는 인간의 교육적 개입을 대체하는 것이 아니라 보완하는 도구로 사용되어야 한다. AI가 학습자의 문제를 포착하고 질문을 유도할 수는 있지만, 그 의미를 해석하고 방향을 제시하는 것은 여전히 교사의 몫이다.

주의, 감정, 피드백: 센서 기반 학습의 미래

"학생이 지금 집중하고 있을까?" 교사라면 누구나 수업 중에 품는 의문이다. AI는 이제 이 질문에 실시간으로 답할 수 있다. 센서와 기계 학습 기술을 활용해 학습자의 주의 상태를 감지하고, 적절한 개입으로 학습 효과를 높이는 것이다.

컴퓨터 비전 알고리즘은 웹캠으로 촬영된 얼굴과 자세를 분석해 몰입 상태를 추론한다. 웨어러블 기기나 마우스, 키보드 사용 패턴도 피로나 주의 집중도의 지표가 된다. 학습자가 산만해졌다고 판단되면 AI가 프롬프트나 활동 제안으로 개입해 다시 집중하도록 돕는다.

한 연구에서는 시선 추적과 문맥 정보를 활용해 독서 중 주의 산만 상태를 자동으로 탐지했다. 시스템은 약 70%의 정확도로 집중 이탈을 감지했으며, 장시간의 시선 고정, 단어 건너뛰기, 동공 변화가 주요 특징으로 확인되었다(Bixler & D'Mello, 2016). 학습 플랫폼에 이 기능을 통합하면, 사용자의 눈이 멈춰 있거나 화면 외부를 응시할 때 "집중이 흐트러진 것 같네요. 방금 읽은 문단을 요약해 볼까요"라는 알림을 제공할 수 있다.

시각 정보 외에도 일부 AI 시스템은 심박수, 피부 전도도 등 생리 신호나 무작위 클릭 같은 상호 작용 데이터를 활용해 집중 상태를 추론한다. 낮은 집중이 감지되면 미니 퀴즈를 띄우거나 짧은 휴식을 제안하기도 한다. AI 챗봇은 적응형 질문으로 학습자의 반응을 유도한다. 학생이 문제를 틀리거나 머뭇거리면 "어떤 부분을 헷갈렸나요" 또는 "핵심 개념을 다시 설명해 드릴까요" 같은 반응을 제공한다. 이는 단순한 지식 확인을 넘어 학습자의 몰입을 유지하고 메타 인지 활동을 자극한다.

이러한 기능들은 '주의 기반 AI 튜터링'이라는 새로운 개념을 실현한다. 집중력이 떨어졌을 때 시스템이 세심한 튜터처럼 질문하거나 피드백을 제공해 학습을 이끄는 것이다. 과거에는 일대일 튜터링 상황에서만 가능했던 방식이 AI를 통해 모든 학습자에게 제공될 수 있게 되었다. OECD는 AI가 즉각적 피드백과 맞춤형 지원을 통해 학습 성과를 향상할 수 있다고 보고한다(OECD, 2023).

하지만 정확성과 윤리적 고려는 여전히 중요한 과제다. 예측이 틀리거나 카메라 각도 등 환경 요인에 따라 오작동할 수 있다. 잦은 알림은 오히려 학습자의 불안을 유발할 수도 있다. 따라서 시스템은 투명성을 갖춰야 한다. 학습자가 프롬프트의 이유를 이해할 수 있어야 하고, 원한다면 모니터링을 중단할 선택권도 있어야 한다.

교육자는 주의 추적 데이터를 신중히 해석하고 활용해야 한다. 데이터는 학습자를 이해하는 도구이지 평가의 잣대가 되어서는 안 된다. 무엇보다 학습자의 사생활과 자율성이 존중되어야 한다. 센서 기반 학습의 미래는 기술적 가능성과 교육적 가치, 윤리적 고려가 균형을 이룰 때 비로소 실현될 수 있다.

AI가 제공하는 실시간 데이터는 학습의 투명성을 높이고 즉각적인 조절을 가능하게 한다. 하지만 데이터는 시작일 뿐이다. 그 데이터를 어떻게 해석하고 활용할지는 여전히 인간의 지혜와 판단에 달려 있다. AI는 학습자가 스스로를 더 잘 이해하고 조절할 수 있도록 돕는 도구일 때 가장 큰 가치를 발휘한다.

참고문헌

Bixler, R. & D'Mello, S.(2016). Automatic Gaze-Based User-Independent Detection of Mind Wandering during Computerized Reading. *User Modeling and User-Adapted Interaction, 26*, pp.33~68.

Chang, D. H. et al.(2023). Educational Design Principles of Using AI Chatbot That Supports Self-Regulated Learning in Education: Goal Setting, Feedback, and Personalization. *Sustainability, 15*(17), 12921.

OECD(2023). OECD Digital Education Outlook 2023: Towards an Effective Digital Education Ecosystem.

Susnjak, T. et al.(2022). Learning Analytics Dashboard: A Tool for Providing Actionable Insights to Learners. *International Journal of Educational Technology in Higher Education, 19*(12). https://doi.org/10.1186/s41239-021-00313-7

Ueda, H. et al.(2023). A Real-Time Learning Analytics Dashboard for Automatic Detection of Online Learners' Affective States. *Sensors, 23*(9), 4243.

07
실패로부터 배우기: 메타 인지 회복 전략

실패는 단순한 좌절이 아니라 사고 오류를 감지하고 전략을 재설계하는 귀중한 기회다. AI는 학습자의 인지적 흔들림을 세밀하게 분석하고 건설적인 피드백 순환을 형성한다. 회복 탄력성과 반성 능력을 동시에 강화하는 조정 장치로 기능하여, 실패를 성장의 발판으로 전환하는 메타 인지적 회복 전략을 지원한다.

AI와 윤동주?

실수 분석과 피드백 루프

시험 점수가 낮게 나왔을 때, 대부분의 학생들은 좌절감에 빠진다. 하지만 효과적인 학습자는 다르다. 그들에게 실패는 패배가 아니라 유용한 정보다. "교사의 설명이 불분명했나", "연습이 부족했나", "어떤 개념을 오해했지"라고 스스로에게 묻는다. 이런 자기 점검은 실패의 근본 원인을 파악하게 해 준다. 예를 들어 "대수학 풀이 과정은 맞았지만 음수 계산에서 계속 틀렸다"라고 구체적으로 정리할 수 있다.

실수를 되돌아보는 행위는 본질적으로 메타 인지적 과정이다. 많은 학습자들이 실수 노트나 오류 일지를 작성하며 잘못된 문제를 추적한다. 자신의 답과 정답을 비교하며 원인을 분석하는 것이다. 연구에 따르면 자신의 오류를 체계적으로 분석하는 학생이 더 나은 성과를 보이며, 학습 전략도 효과적으로 조정한다(Kapur, 2016).

카푸르(Manu Kapur)는 이를 '생산적인 실패'라고 부른다. 초기 실패 경험이 오히려 깊은 학습을 준비시킨다는 것이다. 단순히 정답을 암기하는 것보다 실패를 통해 개념을 이해하는 과정이 더 나은 지식 전이를 가능하게 한다. 실패는 학습의 걸림돌이 아니라 디딤돌이 될 수 있다.

실수 분석은 자연스럽게 피드백 루프로 이어진다. 피드백 루프란 시도의 결과가 다음 시도에 반영되어 개선되는 구조를 말한다. 퀴즈를 틀리고 정답을 검토한 뒤 유사 문제를 다시 푸는 것이 전형적인 예다. 이런 '행동-피드백-조정'의 순환은 학습 향상에 필수적이다.

잘 설계된 피드백은 학습 효과를 크게 높인다(Hattie & Timperley, 2007). 좋은 피드백은 학습 목표를 명확히 하고, 현재 수행과 목표 사이의 간격을 줄이는 구체적 방법을 제시한다. 수학 문제에서 잘못된 단계를 정확히 짚어 주거나, 글쓰기 초안에 개별적인 제안을 하는 것이 그 예다. 이런 피드백은 학습자가 무엇을 수정해야 하는지 명확히 알고 나아갈 수 있게 돕는다.

피드백 루프를 유지하려면 실패에 대한 인식을 바꾸는 것이 중요하다. 지능을 변화 가능한 것으로 보는 학생일수록 실수를 일시적인 좌절이 아닌 학습 기회로 본다. 실수를 능력 평가의 잣대가 아니라 전략 조정의 신호로 받아들이는 것이다.

실패를 체계적으로 분석하고, 피드백을 수용하며, 스스로 전략을 조정해 나가는 과정은 깊은 이해와 향후 성공을 이끄는 계기가 된다. 실패는 전략 진화를 이끄는 정보 제공자이자, 학습을 정교하게 다듬는 거울이 될 수 있다.

AI 기반 반성적 사고 촉진

AI는 학습자에게 자신의 학습 과정을 되돌아보게 만드는 사고 파트너가 될 수 있다. 현대의 AI 튜터들은 학습자의 수행 데이터를 지속적으로 분석하고, 이를 바탕으로 반성적 사고를 유도한다.

예를 들어 이전에 특정 방식으로 문제를 해결했던 학습자에게 유사한 문제가 다시 나타났을 때, AI는 "지난번에는 이런 방법으로 풀었습니다. 이번에도 시도해 볼까요"라고 상기시킨다. AI를 '세 번째 교사'라고 부르는 연구자들은 이런 역할을 학습자의 수행을 이해하기 쉬운 방식으로 되돌려 보여 주는 것이라고 설명한다(Roll & Wylie, 2016). AI는 이전에 효과적이었던 전략을 학습자가 인식하고 현재 문제와 연결 짓도록 유도한다. 데이터를 인지적 거울로 전환해 학습자가 자신의 전략을 들여다볼 수 있게 돕는 것이다.

AI 튜터와의 상호 작용은 심리적으로 안전한 학습 환경을 제공한다는 장점도 있다. 많은 학생이 교사나 또래 앞에서 혼란이나 실수를 드러내기 어려워하지만, AI에게는 더 솔직할 수 있다. AI는 인내심을 잃지 않고 여러 번의 질문이나 다양한 시도를 허용한다.

일부 AI 시스템은 문제 해결 과정을 서술하도록 유도하고, 이에 대해 즉각적이면서도 비판적이지 않은 피드백을 제공한다. 학습자는 오개념을 두려움 없이 바로잡고, 다양한 접근을 시도할 자신감을 얻는다. AI는 언제든 이용할 수 있어 학습 흐름이 끊기지 않도록 한다. 한밤중의 질문에도 응답이 가능해 학습과 반성이 계속 이어질 수 있다.

AI는 학습 과정을 회고적으로 요약해 주는 역할도 한다. 학습 세션이 끝난 후 시스템은 주제별 학습 시간, 퀴즈 점수 추이, 오류 유형 등을 그래프나 대시 보드로 시각화한다. 학습자는 이를 통해 자신의 학습 경로를 객관적으로 돌아보며 전략을 점검하고 조정할 수 있다. "이번 주에는 기하 영역에서 어려움을 겪었구나"라는 인식을 바탕으로 복습 계획을 세울 수 있는 것이다.

AI는 학습자의 시각을 보완하는 새로운 방식도 제안한다. 특정 문제에서 막혔을 때 AI는 전혀 다른 분야에서 유추한 비유나 새로운 사례를 제시할 수 있다. 수학 공식을 자꾸 잊는 학생에게 AI가 간단한 이야기를 연상 장치로 제안해 공식을 기억하게 된 사례도 있다. 최신 생성형 AI는 학습자의 상황에 맞는 예시나 유추를 즉석에서 생성해 낸다. 인내심 있고 창의적인 동료로서 AI는 학습자가 문제를 새로운 각도에서 바라볼 수 있도록 돕는다.

학습 로그 기반의 자동 피드백

디지털 시대의 학습은 모든 활동이 데이터로 기록된다는 특징이 있다. AI 기반 분석 시스템은 이런 학습자의 활동 로그를 바탕으로 세부적인 피드백을 제공할 수 있다. 문제 풀이, 질문 응답, 영상 시청 등 모든 행동이 기록되고, AI는 이 데이터를 분석해 맞춤형 피드백을 생성한다.

한 수학 지능형 튜터는 분수의 뺄셈에서 반복되는 실수를 감지하고, 해당 개념에 집중된 연습 문제를 추천할 수 있다. 시간이 지나면 AI는 '지식 지도'를 구성해 학습자가 숙지한 개념과 어려움을 겪는 지점을 시각화한다. 이에 따라 즉시 힌트나 추가 문제를 제공하는 것도 가능하다.

글쓰기 플랫폼도 유사한 원리로 작동한다. 자동 글쓰기 평가 도구는 문법, 구조, 명확성 문제를 실시간으로 짚어 준다. 한 학습자는 이를 '절대 잠들지 않는 편집자'라고 표현했다. AI는 언제든 문제를 지적하며, 학생은 교사 평가 전에 자가 수정과 성찰 기회를 얻는다. 반복되는 주장을 AI가 지적하고 새로운 예시를 제안하면, 글쓰기 로그는 학습의 기록으로 변환된다. 즉각적인 피드백 순환은 글쓰기를 일회성 과제가 아닌 반복적이고 학습적인 과정으로 인식하게 만든다.

일부 시스템은 메타 인지 저널링도 유도한다. 특정 플랫폼에서는 학습자가 목표나 어려움을 짧은 로그로 남기면, AI가 이를 분석해 전략적 조언을 제공한다. "이번 퀴즈가 불안했다"라는 기록에는 "문제를 작은 단위로 나눠 보세요"라는 제안을 할 수 있다. 이는 막연한 감정을 구체적인 실행 전략으로 전환하는 데 기여한다.

시간이 지나면 AI는 학습자의 반복되는 패턴도 감지할 수 있다. 여러 학생이 특정 단원을 어렵다고 기록할 때, AI는 유용한 팁이나 추가 자료를 전체에게 안내할 수 있다. 개인 데이터와 집단 데이터를 모두 활용해 전략을 개선하는 것이다.

이러한 분석 기반 피드백의 효과는 연구로도 입증되고 있다. 피드백에 적극 반응한 학생은 자기 조절 능력이 높고 학업 성취도가 뛰어났다(Uzun et al., 2025). 자기 조절력이 높은 학생일수록 피드백 대시 보드를 자주 활용하고, 구체적인 성과 데이터를 확인해 학습 전략을 조정하려는 동기를 얻었다.

이는 즉각적이고 데이터 기반의 피드백이 학습 유지에 중요하다는 유네스코(UNESCO)의 권고와도 일치한다. 유네스코는 "월요일에 개념을 놓친 학생이 화요일에는 복습할 수 있도록 AI 피드백 루프를 통합하라"고 제안한다(UNESCO, 2021).

현장에서도 교사들은 로그 기반 피드백을 활용해 수업을 조정한다. 한 과학 수업에서는 AI가 퀴즈 로그를 분석해 공통 오류를 교사에게 알려 주었고, 교사는 이를 반영해 다음 수업을 즉시 조정했다. 과거에는 수 주일이 걸리던 피드백이 이제는 실시간으로 이뤄진다.

일상 학습에 AI 기반 성찰을 통합하면, 실패는 즉시 복습과 전략 조정의 신호가 된다. 기술 기반 학습은 적시에 피드백을 제공하는 구조를 포함해야 한다는 교육 지침도 이를 뒷받침한다(UNESCO, 2021). AI는 학습 로그를 분석해 필요한 순간에 전략과 콘텐츠를 제시함으로써 학습자를 효과적으로 지원한다. 실패는 더 이상 끝이 아니라 새로운 시작의 신호가 된다.

참고문헌

Hattie, J. & Timperley, H.(2007). The Power of Feedback. *Review of Educational Research, 77*(1), pp.81~112.

Kapur, M.(2016). Examining Productive Failure, Productive Success, Unproductive Failure, and Unproductive Success in Learning. *Educational Psychologist, 51*(2), pp.289~299.

Roll, I. & Wylie, R.(2016). Evolution and Revolution in Artificial Intelligence in Education. *International Journal of Artificial Intelligence in Education, 26*(2), pp.582~599.

UNESCO(2021). Artificial Intelligence and Education: Guidance for Policy-Makers.

Uzun, Y. et al.(2025). Engagement with Analytics Feedback and Its Relationship to Self-Regulated Learning Competence and Course Performance. *International Journal of Educational Technology in Higher Education, 22*, 17.

08
AI 시대의 자율성과 자기 주도 학습

AI가 정답을 즉시 제시하는 환경에서도 학습자는 스스로 질문을 생성하고 학습 경로를 주도적으로 설계해야 한다. 메타 인지는 외부 도구에 의존하지 않고 자율성을 유지하며 목표에 집중하도록 돕는다. 학습자가 판단력을 지속시키며 사고의 구조와 흐름을 자기 방식으로 설계할 때 진정한 자기 주도 학습이 실현된다.

AI와 한의학?

메타 인지와 자기 주도 학습의 관계

"선생님 없이도 배울 수 있을까?" 많은 학습자가 품는 의문이다. 답은 '그렇다'다. 단, 조건이 있다. 자신의 사고를 들여다보고 조절할 수 있는 메타 인지 능력이 있어야 한다.

자기 주도 학습은 학습자가 스스로 학습 목표를 설정하고 자원을 선택하며, 진척 상황을 평가하는 전 과정을 주도적으로 수행하는 방식이다. 이 모든 과정의 바탕에는 메타 인지적 사고가 있다. 학습자는 자신의 사고를 성찰하고 조절하는 능력으로 자기 주도 학습을 실천한다.

자기 조절 학습 이론가인 지머먼(Barry Zimmerman)은 자기 조절을 계획, 점검, 반성의 세 단계로 구분한다. 이는 자기 주도 학습의 핵심인 목표 설정, 자기 질문, 자기 평가와 정확히 맞물린다(Zimmerman, 2002). 메타 인지는 자기 주도 학습을 가능하게 하는 자기 인식과 조절의 기반인 것이다.

새로운 프로그래밍 언어를 독학하는 학습자의 예를 보자. 그녀는 먼저 '간단한 웹 애플리케이션 만들기'라는 목표를 세운다. 이를 문법 익히기, 알고리즘 연습, 프레임워크 탐색 등의 세부 목표로 나눈다. 동영상 강의, 공식 문서, 실습 과제 등 다양한 학습 자원을 스스로 선택한다.

학습이 진행되는 동안 "반복문과 조건문을 잘 이해하고 있나", "디버깅 실력이 나아졌나"라고 스스로에게 묻는다. 혼란이 생기면 자료를 바꾸거나 기초 개념을 복습하며 전략을 수정한다. 이 모든 판단과 조정이 메타 인지적 통제로 이뤄진다.

자기 주도성과 동기의 관계도 중요하다. 자기 결정성 이론에 따르면 학습자가 학습에 대한 주도권을 느낄 때 몰입도와 지속성이 높아지고 성취감도 강해진다(Ryan & Deci, 2000). 학습 환경이 자율성을 지원할수록 학습자는 외적 보상보다 내적 동기를 중심으로 접근한다. 어려움이 있어도 쉽게 포기하지 않고 스스로 성찰하는 태도를 보인다.

최근 교육 트렌드는 '학습하는 방법을 학습하는 것', 즉 메타 인지적 역량을 강조한다. 학습을 계획하고 진행을 점검하며 사고를 평가하는 능력은 단지 성적을 위한 기술이 아니다. 자신의 학습 여정을 스스로 관리하는 능력으로 확장된다. 자기 주도 학습 속에서 메타 인지 전략을 실천하는 학습자는 단순 지식 습득을 넘어 평생 학습자로 성장하는 사고 습관을 체득하게 된다.

메타 인지적 과정을 지원하는 AI 학습 플래너

막연한 목표를 구체적인 계획으로 바꾸는 일은 쉽지 않다. AI 기반 학습 플래너는 이 과정을 도와주는 학습 위성 항법 장치(GPS)와 같다. 학습자가 "시험에 합격하기"라는 목표를 입력하면 AI가 그에 도달할 경로를 설계한다. 학습 단계별 제안, 일정 조율, 점검 시점이 모두 포함된다.

언어 학습 플랫폼 듀오링고는 이 개념을 효과적으로 구현한 사례다. 간격 반복 모델을 활용해 단어를 잊을 가능성이 높은 시점을 예측하고 복습 일정을 자동 조정한다. 이 모델은 단어의 '반감기' 개념에 기반해 복습 시점을 결정하며, 오류 이력과 성과를 반영해 계획을 지속적으로 조정한다(Settles & Meeder, 2016). 학습자는 "매일 학습하기"라는 목표만 설정하면 된다. AI가 이를 일일 과제로 나눠 제안한다. 학습자의 진행 상황과 망각 곡선을 반영해 계획을 조정함으로써, 세세한 조절 없이도 효율을 유지할 수 있다.

더 명시적인 코칭 기능을 수행하는 시스템도 있다. 칸미고(Khanmigo)는 K-12 학생의 자기 주도 학습을 지원하는 생성형 AI 챗봇이다. "미국 혁명 역사 시험을 어떻게 준비할까요"라는 질문에 이 시스템은 주제별 학습일,

복습 간격, 이해도 점검 방법이 포함된 계획을 제시한다. 특히 "오늘은 이것을 먼저 공부하세요. 그래야 내일 학습할 내용의 기반이 마련됩니다"처럼 논리를 설명하며 계획을 제안한다. 실제 연구에 따르면 칸미고와 상호 작용한 학생은 대조군보다 목표 설정 능력과 자기 이해 평가에서 유의미한 향상을 보였다(Ali et al., 2023).

이런 사례는 AI가 단순 계획 지시자가 아닌 메타 인지 파트너로 작동할 수 있음을 보여 준다. 잘 설계된 시스템은 학습자의 선택권을 반영해 계획을 함께 조율한다. AI가 자가 평가를 요청하거나 두 가지 학습 경로 중 하나를 선택하게 함으로써 학습자 주도의 구조를 유지한다.

반면 AI가 일방적 일정을 강요한다면 학습자는 수동적으로 따르기만 하고 자기 점검이 약해질 수 있다. 효과적인 AI 학습 플래너는 실시간 데이터를 반영해 계획을 수정하고, 그 이유를 명확히 설명함으로써 학습자의 주도권을 강화한다(Ali et al., 2023).

자기 주도 학습을 위한 자율성 지원 프롬프트 전략

AI와의 상호 작용이 자기 조절 능력을 강화하려면 자율성을 지원하는 프롬프트 전략이 필요하다. 가장 효과적인 방법 중 하나가 소크라테스식 문답법이다.

이 방식은 AI가 정답을 제시하는 대신 질문을 통해 학습자가 스스로 사고하고 답을 도출하게 한다. "이 함수의 도함수는 뭐예요"라는 질문에 AI는 "어떤 미분 규칙이 적용될까요" 또는 "어떻게 풀기 시작하겠어요"라고 되묻는다. 학습자는 자신의 사고 과정과 전제를 설명하게 된다. 연구에 따르면 자기 설명을 생성할 때 학습이 더 깊어진다. 자신의 말로 설명하거나 예측, 추론하는 과정에서 인지적 참여가 증가하고 학습 내용도 오래 기억된다(Chi, 1994).

두 번째 전략은 학습자에게 선택권을 주는 것이다. AI가 "힌트를 드릴까요, 아니면 전체 해설을 보여 드릴까요" 또는 "5장으로 넘어갈까요, 아니면 4장을 복습할까요"라고 묻는다면, 학습자는 자신의 흐름을 직접 조절하며 주도권을 체감한다. 자기 결정 이론은 의미 있는 선택이 자율성을 높이고 학습 동기를 향상한다고 본다(Ryan & Deci, 2000).

세 번째 전략은 스캐폴딩이다. 학습 초기에는 구조적 지원을 제공하고 점차 줄여 나가는 방식이다. 초보 학습자에게는 단계별 지침을 제시하다가 "이 부분을 디버깅해 볼 수 있겠어요"처럼 점점 더 자율적인 사고를 유도한다. 이런 점진적 지원 축소가 문제 해결력에 긍정적 영향을 준다는 연구 결과가 있다(Wood et al., 1976).

마지막으로 AI의 어조와 상호 작용 분위기도 중요하다. AI는 지시적이기보다 협력적이고 지지적인 어조를 사용해야 한다. "같이 한번 풀어 볼까요" 또는 "다른 방법으로도 시도해 봐요" 같은 표현은 동료와 학습하는 인상을 준다. 정답이 틀렸을 때도 "그 접근도 흥미로웠어요. 이번엔 정답은 아니었지만 논리는 충분했어요"라는 피드백은 학습자의 사고를 지속하게 만든다. 자기 결정 이론은 학습자가 지지받고 존중받는다고 느끼는 '관계성' 역시 학습 동기 유지에 중요하다고 본다(Ryan & Deci, 2000).

이런 자율성 중심 프롬프트 전략을 통해 AI는 학습자의 통제력을 약화하지 않고 오히려 자기 주도성과 깊이 있는 사고를 촉진하는 조력자가 될 수 있다. AI 시대에도 학습의 주인공은 여전히 학습자 자신이어야 한다. AI는 그 여정을 돕는 동반자일 뿐이다.

참고문헌

Ali, F. et al.(2023). Supporting Self-Directed Learning and Self-Assessment using TeacherGAIA, a Generative AI

Chatbot Application. *Learning: Research and Practice, 9*(2), pp.135~147.

Chi, M. T. H.(1994). Eliciting Self-Explanations Improves Understanding. *Cognitive Science, 18*(3), pp.439~477.

Ryan, R. M. & Deci, E. L.(2000). Self-Determination Theory and the Facilitation of Intrinsic Motivation, Social Development, and Well-Being. *American Psychologist, 55*(1), pp.68~78.

Settles, B. & Meeder, B.(2016). A Trainable Spaced Repetition Model for Language Learning. *Proceedings of the 54th Annual Meeting of the Association for Computational Linguistics*, pp.1848~1858.

Wood, D. J. et al.(1976). The Role of Tutoring in Problem Solving. *Journal of Child Psychology and Psychiatry, 17*(2), pp.89~100.

Zimmerman, B. J.(2002). Becoming a Self-Regulated Learner: An Overview. *Theory Into Practice, 41*(2), pp.64~70.

09
협력, 성찰, 그리고 사회적 메타 인지

사회적 메타 인지는 개인의 사고를 집단 맥락으로 확장하여 협력 속에서 전략을 공유하고 조율하게 하는 고차원적 역량이다. AI는 중립적 피드백 제공자이자 대화 촉진자 역할을 수행하며 집단 학습을 지원한다. 공동 성찰과 집단 사고의 정밀도를 높이는 매개체가 되어 개별 학습을 넘어선 협력적 지성을 구현한다.

AI와 화장품?

공동 조절과 메타 인지적 대화

정보의 홍수 시대다. 디지털 플랫폼과 AI 도구는 순식간에 답을 제공하지만, 이로 인해 학습자들이 정보를 무비판적으로 받아들이는 함정에 빠지기 쉽다. 정보의 출처를 평가하고 진위를 판단하는 능력이 그 어느 때보다 중요해졌다. 교육자들은 이제 이를 메타 인지 습관의 핵심 요소로 강조한다.

인지적 편향은 출처의 신뢰성 판단을 흐리게 만든다. 특정 주장을 믿고 싶어 하는 학습자는 자신과 같은 입장의 정보만 받아들이고 반대 의견은 무시하기 쉽다. 메타 인지 전략 교육은 바로 이런 편향에 대한 자각에서 시작된다. 교사는 "내가 어떤 전제를 가지고 이 출처를 신뢰했는가"라는 질문을 던지게 해 학습자가 자신의 판단 기준을 돌아보도록 유도한다. 이는 단순히 정보를 평가하는 것을 넘어 자신의 사고방식까지 점검하는 메타 인지적 훈련이다.

AI 기술은 이런 문제를 더욱 복잡하게 만들고 있다. 챗GPT 같은 생성형 AI는 유창한 언어로 정보를 제공하지만 종종 부정확하거나 편향된 내용을 포함한다. AI 대화 시스템에 과도하게 의존할 때 비판적 사고 없이 정보를 수용하게 된다는 연구 결과가 있다(Zhai et al.,

2024). 최근 실험에서도 챗GPT를 활용한 학생들이 연습 문제 수행에는 유리했지만, AI 도움 없이 치른 후속 평가에서는 성적이 크게 떨어지는 현상이 관찰되었다.

이런 상황에서 출처 평가 능력 교육은 더욱 절실하다. '측면적 읽기' 전략은 한 출처만 읽는 것이 아니라 새로운 탭을 열어 여러 출처를 교차 검토하는 방법이다. "이 정보를 쓴 사람은 누구인가", "이 출처는 권위가 있는가"와 같은 질문을 습관화하도록 돕는다.

또 다른 전략인 '시프트(SIFT)'는 Stop(멈추기), Investigate(조사하기), Find(찾기), Trace(추적하기)의 4단계로 정보를 비판적으로 검토하는 방법이다. 교사는 수업 중 익명 저자나 오래된 통계 같은 위험 신호를 제시하며 실습을 진행할 수 있다. 출처 검증을 꾸준히 훈련한 학생은 허위 정보에 대한 강한 면역력을 갖게 된다는 연구 결과가 있다(Rau & Premo, 2025).

AI는 정답 제공자에 머무르지 않고 상호 작용형 튜터로서 출처 평가를 도울 수 있다. 학생이 자신의 답안을 AI에게 보여 주고 "어떤 부분이 근거가 부족한가요"라고 물으면, AI는 주장의 취약점을 지적하며 반론을 제시한다. 학생은 이를 바탕으로 논리를 강화하고 더 나은 증거를 찾는다. AI는 '악마의 변호인' 역할을 하며 비판적 사고를 자극하는 것이다. 물론 정보의 진위를 판단하는 최종 책임은 학습자에게 있으며, AI는 성찰을 유도하는 도구로 기능할 뿐이다.

AI와 함께하는 집단 학습과 반박 훈련

정보를 수동적으로 받아들이는 습관을 깨는 가장 효과적인 방법 중 하나가 '반박 훈련'이다. 이는 학습자가 정보를 능동적으로 검토하고 반론을 제기하는 사고 습관을 기르도록 돕는다.

접종 이론에 따르면 약화된 설득 논리에 먼저 노출되면 이후 더 강력한 주장에 잘 저항하게 된다. 이는 일종의 '인지적 백신' 효과다. 교실에서 교사가 조작된 뉴스 기사를 제시하고 학생들이 허점과 근거 부족한 논점을 찾아 반박하게 하면, 학습자는 처음 수용했던 태도에 의문을 갖고 논리적 결함을 토론하게 된다. 이 과정에서 메타 인지적 모니터링이 자연스럽게 촉진된다.

감정적 호소나 허위 증거 제시 같은 기만 기법을 소개하는 게임을 경험한 참가자들은 허위 뉴스에 속는 비율이 낮아졌다는 연구가 있다(Roozenbeek et al., 2022). 그럴듯한 주장들을 반복적으로 반박하는 훈련은 '습관적 의심'을 학습자에게 내면화한다.

AI를 활용하면 이런 훈련 효과가 더욱 증폭된다. '아규메이트(Argumate)'라는 챗봇은 학생들이 토론 전에 자신의 논지를 구성하고 예상 반론을 시뮬레이션하도록 돕는다. 챗봇은 학생의 논리적 약점을 찔러 내고 보완을 유도한다. 아규메이트를 활용한 학생들은 더 풍부하고 논리적인 토론을 수행했다는 연구 결과가 있다(Guo et al., 2023). 학생들은 이 과정을 통해 더욱 몰입하며 사고의 확장을 경험했다.

챗GPT를 활용한 사례도 있다. 국제 관계학 수업에서 챗GPT를 활용한 학생들은 찬반 논리를 미리 준비하고 다양한 관점을 분석했다. "이 정책에 반대하는 사람들은 어떤 주장을 할까"라는 질문을 통해 미처 생각하지 못했던 반론을 접하고 논리를 정제했다. 그 결과 비판적 사고와 논증 능력 향상 폭이 AI를 활용하지 않은 그룹보다 컸다(de la Puente et al., 2024).

실제 수업에서 쉽게 적용할 수 있는 방법도 있다. 에세이를 쓴 후 AI에게 "주장별 비판 세 가지를 제시해 줘"라고 요청하면, AI는 빠진 근거나 논리적 약점을 지적한다. 학생은 피드백을 바탕으로 수정하거나 추가 조사에 나선다. 논쟁적인 주제를 입력하고 AI에게 찬반 논리를 생성하게 해 비교 분석하는 것도 효과적이다. 이 과정이 반복되면 학습자는 "다른 입장이 있을 수 있다면"이라는 질문을 습관적으로 떠올리게 된다.

AI 기반 반박 훈련은 수동적 수용을 능동적 비판으로 바꾼다. AI의 도전은 학습자에게 사고의 재정비를 요구하며, "왜 이 반론이 설득력 있는가", "어떻게 극복할 수 있을까"를 스스로 묻게 한다. 반박을 직접 생성하고 점검하는 활동은 학습 효과를 높인다고 알려져 있다. AI와의 대화형 연습은 이런 사고 흐름을 자동화해 주며, 시간이 지날수록 비판적 사고 습관이 내면화된다. AI는 사고를 대신하는 도구가 아니라 그것을 확장해 주는 '개인 맞춤형 비판 사고 코치'로 기능한다.

기계와 인간과의 대화: 다각도의 사고 훈련

복잡한 주제에는 하나의 정답만 존재하지 않는다. 비판적 사고를 갖춘 학습자는 다양한 시각을 탐색해 맹점과 확증 편향을 피하려 노력한다. AI는 이런 다각도 사고 훈련에 매우 유용한 도구가 될 수 있다.

역사 수업에서 한 사건을 여러 관점으로 설명해 보라고 챗GPT에 요청하면, 원인과 결과를 달리 조명하는 두 개의 서로 다른 서사가 나타난다. 수학 문제도 대수적 풀이 외에 기하학적 설명을 AI에 요청해 비교할 수 있다.

서로 다른 접근법을 비교하는 활동은 개념 심화에 효과적이며, 교육학적으로는 공감 능력과 심층 이해를 기르는 전략으로 잘 알려져 있다.

국제 교육 기준에서도 '관점 전환'은 글로벌 학습자의 필수 역량으로 강조된다. 챗GPT를 통해 다양한 관점을 접한 후 학생들의 사고가 더욱 유연해졌다는 연구 결과가 있다(Guo & Lee, 2023).

교사는 다양한 시나리오를 통해 관점 전환을 유도할 수 있다. 사회 수업에서는 챗GPT에 상반된 입장을 지닌 두 역사 인물 간 가상 토론을 생성하게 할 수 있다. 학생들은 이들의 주장과 배경 이해관계를 분석하며 사고의 폭을 넓힌다. 과학 수업에서는 의료 개입을 의사, 환자, 정책 입안자 관점에서 각각 분석하도록 요청해 서로 다른 해석을 체감하게 한다.

논쟁적 주장을 제시하고 AI에게 찬반 논리를 생성하도록 하여 학생이 이를 분석하게 하는 것도 좋은 방법이다. AI가 예상 밖의 시각을 제시할 때마다 학생은 그 타당성을 검토하고 자신의 입장을 재정비하게 된다. 물론 이런 반론 생성은 AI 없이도 가능하지만, AI는 이 과정을 훨씬 빠르고 풍부하게 확장해 준다. 교사는 AI의 논거를 바탕으로 소그룹 토론을 조직해 사고의 심화를 유도할 수도 있다.

이 다각도 프롬프트 전략은 확증 편향을 정면으로 다룬다. 다양한 사람의 관점에서 생각하게 하는 훈련을 통해 지식의 맥락성과 상대성을 인식하게 한다. AI는 몇 초 만에 대체 관점을 제시할 수 있고, 이는 개별 학습자가 혼자 수행하기 어려운 작업이다.

기후 정책에 대해 농민, 에너지 회사 CEO, 환경 운동가의 입장에서 각각 설명해 달라고 요청하면, AI는 생계, 수익성, 지속 가능성이라는 서로 다른 가치에 기반한 응답을 제공한다. 이런 상충하는 내러티브를 통해 학생은 사고의 지평을 넓히게 된다. 교육 심리학자들은 학생이 반대 관점을 스스로 설명해 보는 활동이 이해를 심화한다고 설명한다.

시간이 지나면 학생은 "다른 사람은 어떻게 생각할까"라는 메타 인지적 질문을 자연스럽게 떠올리게 된다. 이 사고 습관이 다각도 프롬프트가 기르는 핵심 역량이다(Rau & Premo, 2025). 이 과정은 인지적 유연성을 키우며, 새로운 관점이 등장했을 때 기존 사고를 조정할 수 있게 해 준다.

결과적으로 이런 훈련은 학생을 '지식 탐정'으로 만든다. 단순히 정답을 수용하는 것이 아니라 그 답이 어떻게 도출되었는지를 판단하게 된다. AI는 유창하게 답을 제공하지만, 학습자는 그 답을 평가하고 교차 검증하는 비판자가 되어야 한다. 같은 질문이라도 문구에 따라 답이 달라지는 AI의 특성은 오히려 사고의 조건을 탐색하는 계기가 된다.

교사는 이런 차이를 교육의 기회로 삼아 다양한 전제와 접근을 탐구하게 할 수 있다. 학생은 AI가 제공하는 정보가 하나의 관점일 뿐임을 인식하고, 정보의 소비자가 아닌 비평자로 성장한다. 결국 학생은 단일한 정답이 아닌 복잡성과 불확실성을 감당할 수 있는 사고력을 기르게 된다.

참고문헌

de la Puente, M. et al.(2024). Investigating the Use of ChatGPT as a Tool for Enhancing Critical Thinking and Argumentation Skills in International Relations Debates among Undergraduate Students. *Smart Learning Environments, 11*, 55.

Guo, K. Y. et al.(2023). Effects of Chatbot-Assisted In-Class Debates on Students' Argumentation Skills and Task Motivation. *Computers & Education, 203*, 104862.

Guo, Y. & Lee, D.(2023). Leveraging ChatGPT for Enhancing Critical Thinking Skills. *Journal of Chemical Education, 100*(12), pp.4876~4883.

Rau, M. A. & Premo, A. E.(2025). Systematic Review of Educational Approaches to Misinformation. *Educational Psychology Review, 37*, 43.

Roozenbeek, J. et al.(2022). Technique-Based Inoculation against Real-World Misinformation. *Royal Society Open Science, 9*(5), 211719.

Zhai, C. et al.(2024). The Effects of Over-Reliance on AI Dialogue Systems on Students' Cognitive Abilities: A Systematic Review. *Smart Learning Environments, 11*, 28.

10
메타 인지와 학습의 미래

미래 교육의 경쟁력은 AI 활용 기술보다 사고 구조 설계와 자기 조절 역량에 있다는 것이 명확해지고 있다. 메타 인지는 불확실성과 정보 과잉의 시대를 헤쳐 나가는 나침반 역할을 한다. 학습자가 주도적으로 사고 흐름을 조정하며 지속적으로 자신을 성장시키는 중심축으로서, 미래 학습의 핵심 동력이 될 것이다.

종교와 AI?

정책 및 교수학적 함의

전 세계 교육 기관들이 하나같이 강조하는 미래 역량이 있다. 바로 메타 인지다. OECD의 교육(Education) 2030 비전은 "인지적 및 메타 인지적 역량"을 미래 불확실성을 극복하는 핵심 기술 영역 세 가지 중 하나로 명시한다(OECD, 2018). 이 프레임워크는 학교 교육이 호기심, 회복 탄력성, 자기 주도 학습 능력을 길러야 한다고 본다. 단순히 지식을 전달하는 것이 아니라 학습하는 방법 자체를 가르쳐야 한다는 것이다.

유네스코도 같은 목소리를 낸다. 2021년 보고서 《우리의 미래를 함께 재구상하며》에서는 지속 가능성과 전 지구적 문제에 대응하기 위해 "학습하는 법을 학습하는 것"을 새로운 교육 사회 계약의 핵심으로 제시한다(UNESCO, 2021). 학생들이 끊임없이 변화하는 세상에서 지식을 지속적으로 갱신할 수 있도록 유연한 사고 방식과 고차원적 사고 능력을 길러야 한다는 주장이다.

정책 입안자들은 메타 인지 전략을 명시적으로 가르치는 것이 중요하다고 본다. OECD의 교육 과정 리뷰에 따르면 거의 모든 국가가 '학습하는 법을 배우는 것'을 21세기 핵심 역량으로 채택하고 있다(OECD, 2020). 실제 수업에서는 학생이 목표를 설정하고, 사고를 모니터링하며, 학습 결과를 되돌아보도록 도와야 한다는 것이다.

유네스코의 2023년 생성형 AI 관련 지침서도 같은 맥락이다. 고차 사고력과 디지털 문해력을 인간 역량 강화의 핵심으로 제시한다(UNESCO, 2023). 알고리즘을 비판 없이 수용하는 것이 아니라, AI를 사고 파트너로 활용하는 비판적 역량을 갖춘 'AI 친화적 성인'을 양성해야 한다는 것이다.

에듀테크 기업과 국제기구들은 기술이 학습 환경을 어떻게 재편할 것인지에 대해서도 전망을 제시한다. 세계경제포럼의 2024년 보고서 《교육(Education) 4.0》은 잘 설계된 AI 도구가 학습 개인화를 가능하게 하고, 교사의 반복 업무를 줄여 비판적 탐구, 창의성, 멘토링에 집중하게 해 준다고 주장한다. 동시에 이런 기술 혁신은 분명한 교수 목표와 교육 형평성 원칙에 기반해 실행되어야 한다는 점도 강조한다.

종합하면, 이들 보고서는 인간 중심적 교육 비전을 강조한다. 지식 습득도 중요하지만 '학습하는 법을 배우는 능력', 즉 메타 인지는 미래 사회에서 더 핵심적인 문해력으로 간주된다. 교육 시스템은 메타 인지 역량을 교육과정, 평가, 교사 연수 전반에 통합시켜야 하며, 변화하는 직업 세계와 사회적 수요에 능동적으로 대응할 수 있는 학습자를 양성해야 한다(OECD, 2018).

AI 리터러시와 메타 인지 역량의 접점

미래의 교실에서 메타 인지는 읽기와 수학처럼 기본 문해력이 될 것이다. 전 세계 교육 프레임워크는 메타 인지 역량을 교육 과정에 명시적으로 포함할 것을 권장하며, OECD 교육 과정 리뷰에 따르면 대부분의 국가가 '학습하는 법을 배우는 능력'을 21세기 핵심 역량으로 채택하고 있다(OECD, 2020). 학생들이 목표 설정, 자기 모니터링, 성찰적 사고 전략을 익혀야 한다는 뜻이다.

교과서와 학습 기준에서는 메타 인지를 '계획, 모니터링, 평가'의 사고 조절 과정으로 정의한다. 교사는 전문가 학습자의 문제 해결 방식을 시연하고 '생각을 말로 표현하는 활동'을 통해 이를 안내하도록 권장된다.

메타 인지를 교육 과정에 설계한다는 것은 선언이 아니라 실행을 요구한다. 교사는 학생들이 자신의 사고를 명시적으로 표현하도록 하는 활동을 설계해야 한다. 학습 성찰 일지를 작성하게 하거나, 문제 해결 과정을 동료와 공유하게 하거나, "이 전략을 왜 선택했나요"와 같은 질문에 답하도록 할 수 있다.

형성 평가에서도 메타 인지 문해력을 반영할 수 있다. 루브릭에 '학습 목표 설정'이나 '자신의 이해도 점검' 항목을 포함하고, 이에 대해 교사가 피드백을 제공하는 것이다. AI 튜터나 실시간 응답 시스템도 메타 인지 촉진에 유용하다. 학생의 전략을 되돌아보게 하고 개인화된 피드백을 제공할 수 있다. 학교 관리자들은 이를 교사 연수와 평가에 반영해 메타 인지를 교육의 중심 역량으로 인식시켜야 한다.

교육의 AI 전환을 준비하는 다양한 보고서들도 메타 인지 문해력의 중요성을 강조한다. 유네스코의 2023년 AI 가이드라인은 고차 사고력 훈련을 강조하며, 메타 인지가 없으면 AI를 '블랙박스'처럼 수용하게 될 위험이 있다고 경고한다(UNESCO, 2023). 실제 교사 연수나 교원 양성 과정에는 학생의 성찰과 비판적 정보 접근법 훈련이 포함되어야 한다.

한 교육 전문가의 말처럼, 미래의 학습자는 AI 도구를 손끝에서 사용할 수 있기 때문에 교육 과정은 단순 지식 암기를 넘어 스스로 계획하고 설명하며 비판하는 능력을 기르는 방향으로 전환되어야 한다. 메타 인지는 더 이상 선택이 아닌 필수가 되었다.

학습자에서 자기 주도적 저자로

AI와 메타 인지가 학교에 효과적으로 통합되려면 교육 리더십의 역할이 결정적이다. 학교 리더는 기술을 부가 요소로 다루는 것이 아니라, 수업 목표와 정렬된 형태로 AI 활용 비전을 제시해야 한다. 에듀토피아는 교장들에게 "AI 도구 자체보다 교사의 수업 품질을 높이는 전문성 개발에 집중하라"고 조언한다(Tucker, 2024). 이는 AI를 활용한 수업 설계나 이해도 점검을 지원하는 연수를 도입하고, 교사에게 다양한 적용을 실험할 자율성을 부여하는 것을 의미한다.

교육 리더는 학교 차원의 AI 사용 정책을 수립하고, 학생과 학부모에게 명확히 안내해야 한다. 이 과정에서는 학업적 정직성과 데이터 프라이버시를 다루는 것이 중요하다. 이해관계자들이 정책 개발에 참여하면, AI 사용이 더 윤리적이고 포용적인 방향으로 정착될 수 있다.

최근 조사 결과는 이런 리더십의 필요성을 뒷받침한다. 미국 랜드(RAND) 연구소 조사에 따르면 2024년 가을까지 미국 학군의 약 절반이 교사 대상 AI 연수를 제공했으며, 이는 전년 대비 두 배 가까운 수치다(Diliberti et al., 2025). 여러 교육청과 학교는 AI 리터러시에 기반한 교사 학습 공동체를 구성하고 있다.

한편 교육 리더는 AI 도입이 교육 격차를 심화하지 않도록 형평성 문제도 함께 고려해야 한다. 모든 학생이 AI 기반 학습 도구에 접근할 수 있도록 하고, 특정 계층만 혜택을 받지 않도록 제도적 보완이 필요하다.

AI 시대의 교육 리더십은 전략적 비전, 목표 정렬된 정책 수립, 교직원 역량 강화라는 세 축을 갖춰야 한다. AI를 효과적인 교수 학습 설계와 연계할 수 있는 리더는 학생이 AI 출력을 비판적으로 평가하고, 이를 자기 주도 학습 기회로 전환하도록 유도할 수 있다.

결국 미래 교육의 핵심은 학습자를 수동적 지식 소비자에서 능동적 지식 창조자로 변화시키는 데 있다. AI는 강력한 도구지만, 그것을 어떻게 활용할지 판단하고 자신의 학습을 설계하는 것은 여전히 인간의 몫이다. 메타인지는 이 변화의 중심에서 학습자가 스스로의 사고를 조율하고, AI와 협력하며, 불확실한 미래를 헤쳐 나갈 수 있게 하는 핵심 역량이다.

교육의 미래는 더 많은 정보를 주입하는 것이 아니라, 정보를 다루는 방법을 가르치는 데 있다. 메타 인지는 그 방법의 핵심이며, AI 시대를 살아갈 모든 학습자가 갖춰야 할 필수 문해력이다. 이제 우리는 학습자들이 자신의 학습 여정의 저자가 될 수 있도록 돕는 교육을 설계해야 한다.

참고문헌

Diliberti, M. K. et al.(2025). More Districts Are Training Teachers on Artificial Intelligence: Findings from the American School District Panel. RAND Corporation.

OECD(2018). The Future of Education and Skills: Education 2030.

OECD(2020). What Students Learn Matters: Towards a 21st Century Curriculum.

Tucker, C.(2024.1.31). How School Leaders Can Pave the Way for Productive Use of AI. Edutopia.

UNESCO(2021). Reimagining Our Futures Together: A New Social Contract for Education.

UNESCO(2023). Guidance for Generative AI in Education and Research.

World Economic Forum(2024). Shaping the Future of Learning: The Role of AI in Education 4.0.

황충연

대한무역투자진흥공사(KOTRA) 수출전문위원으로 재직 중이며, 중소기업의 해외 진출을 지원하는 실전형 수출 컨설팅을 수행하고 있다. 전남대학교에서 무역을 전공하고, 서울대학교 경영대학원 e-MBA를 수료했으며, 한전원자력연료(주)에서 기획팀장과 해외사업개발실장 등을 역임했다. 2018년에는 아랍에미리트(UAE) 원전 수출 유공 대통령 표창을 수상하며, 대한민국 원자력 연료 수출 분야에서의 공로를 인정받았다. 최근에는 생성형 AI를 활용한 수출 컨설팅의 새 지평을 개척하며, AI를 창작 도구로 삼는 AI 작가이자 전략가로 활동 영역을 확장하고 있다. 《챗GPT와 함께 쓴 수출실무 가이드북》(2024), 《AI로 나만의 책 쓰는 법》(2024), 《AI 수출컨설턴트》(2025), 《AI와 글로벌 비즈니스 문화》(2025), 《AI와 비즈니스 프레임워크》(2025) 등 다수의 실용서를 집필했으며, 아마존에서는 《Beyond the Pen: The Future of Book Creation with AI》(2024), 《Salome's Odyssey: Meeting Nietzsche》(2024) 등을 출간했다. AI를 창의적 파트너로 삼는 철학을 바탕으로, 생성형 AI 기술의 대중화에 앞장서고 있다. 중소기업이 AI를 통해 글로벌 경쟁력을 갖추도록 돕는 실용적 설루션을 제공하고 있으며, 더 많은 이들이 AI의 가능성을 경험할 수 있도록 지식 공유에도 힘쓰고 있다.